JN069606

〈第2版〉

「道徳教育と社会」 ノート

山内 乾史・武 寛子

学文社

はしがき

　本書は 2022 年度以降，佛教大学において筆者が担当する道徳教育関係の授業における指定教科書である。

　周知のとおり，道徳教育は「特別の教科　道徳」として 2018 年度から小学校で，2019 年度から中学校で導入された。現在，小学校，中学校ともに 8 種の教科書が各学年に用意されている。

　この背景には，いじめを苦にした自殺が全国で相次ぎ，規範意識を強化するという狙いがあることは知られている。ただし，いじめ問題は今でこそ教育界における最大の関心事の一つであるが，注目されるようになったのは 1980 年代半ば以降のことであり，それ以前は教育現場でも教育学者の間でもさほど関心を持たれていなかった。その証左として，例えば「四層構造モデル」で国際的に知られる故・森田洋司の主たる活動の場の一つであった日本教育社会学会によって，『教育社会学辞典』が過去三度にわたり編纂されている。学会の編集と銘打っており，学会の総力を挙げて取り組んだ事業である。驚くことに 1967 年 5 月に刊行された最初の『教育社会学辞典』（東洋館出版社）には，「いじめ」は項目としてたてられておらず，巻末の事項索引にも見当たらない。1986 年 11 月に刊行された『新教育社会学辞典』（東洋館出版社）では，「いじめ」は中項目となっており，九州大学の住田正樹が執筆している。事項索引を見ると，他には大項目「学校」の中に 1 ヵ所出てくるだけである。三度目に編纂された 2018 年 1 月刊行の『教育社会学事典』（丸善出版）は中項目を中心とする構成となっているが，中項目「いじめ」を天理大学の石飛和彦，大項目「ネットいじめ」を佛教大学の原清治が執筆している。事項索引においても「いじめ」が 6 ヵ所，「いじめ集団の四層構造モデル」が 1 ヵ所，「いじめ防止対策推進法」が 1 ヵ所，「ネットいじめ」が 3 ヵ所となっている。この半世紀の間に，日本教育社会学会内で相当に扱いが変わってきたことが一目瞭然である。それだけ問題が深刻化しているということでもあり，その対応の一環として道徳教育が導入されたのである。

　ただ，道徳教育をそもそも何のために行うのかという根本的な問題をよ

く吟味する必要がある。道徳教育導入が決定される前後に，このことについて書かれた書籍や論稿を概観すると，否定的な見解が多くみられる。その多くが戦前の教育勅語や修身に言及している。

　なるほど，価値観をめぐる教育は難しい。諸外国においても，「シティズンシップ教育」，「グローバル・スタディーズ」などの価値観を教える科目があるが，自由主義諸国ではいずれも大いに激しい論争を伴う教科となっているようである。

　ただ，教科として導入された以上，それを児童・生徒の人生にとって意味のある教科としていかねばならない。道徳教育は何を目標として教えられるのか，いかなる立場の人にも容認されるような道徳教育の意味付けはいかにして可能なのか，これを探っていかねばならない。もちろん，この作業は大変なものであり，筆者の能力を超えるものである。本書は，無謀にもその作業に踏み出した第一歩にすぎない。

　教育社会学の立場から言えば，無人島に一人でいる場合に道徳は不要である。他者が存在し，社会が存在するからこそ道徳は必要とされ，道徳教育も必要とされる。したがって，道徳ないしは道徳教育を教育社会学的にとらえる分析は可能であり，必要である。これまでの道徳教育に関する研究成果の蓄積を尊重しつつ，教育社会学的な視点からの分析を加えることによって道徳教育の研究は，より豊かになるものと信じる。

　第1章では，社会学者エミール・デュルケムの名著『道徳教育論』を，麻生誠・山村健の両氏がなぜ訳出したのかを探っている。麻生誠は，筆者の学部生時代，院生時代の指導教員であり，訳出にいかなる意味を見出していたのかを探ろうとした。また2010年に麻生は自分の最後の仕事として，講談社学術文庫として同書を復刊しているが，なぜ2010年に復刊しようとしたのかを探ろうとした。

　第2章では，校則をめぐる議論を取り上げた。道徳とは何かを考えるときに，校則との関係の考察を欠かすことはできない。校則とは道徳を体現したものなのか，あるいはまったくの別物なのか，この点を考察した。第3章では，社会問題化する前及び社会問題化する過程のいじめ問題を取り上げ，校則や道徳との関連を考察した。

第4章では，小学校の道徳教科書の内容分析，大学教職課程の「道徳教育の研究」教科書の分析を行い，そこにあるバイアスを探った。実はこの章は，筆者のゼミ出身の末澤奈付子との共著である。彼女が第一筆者であり，貢献度も大きい。共著論文を単著に収録することになったのだが，深甚なる謝意を表する次第である。今後も彼女との共同研究を続けていく所存である。

第5章では，ネットいじめの問題が起きるようになって以降，いじめ問題の本質に変化がみられるのかどうかを考察した。第6章では，さらに学力といじめの関係を分析した。第7章では，道徳教育と同様に価値の問題を取り扱う国際理解教育の問題を考察した。第5章と第6章は，他の章とは異なり「ですます」調であるが，あえて修正を施さなかった。

第5章から第7章はミネルヴァ書房より刊行していただいた編著書等に収録されたものである。転載をお認めいただいた同社に感謝申し上げる次第である。

本書は神戸大学教員としての最後の単著になり，あと1年もたたないうちに佛教大学に移ることとなるが，それと同時に筆者の最重要テーマが高等教育の研究から道徳教育の研究へと移行することになる。先述のように，本書はその第一歩にすぎないのだが，いつもながら学文社の関係諸氏には大変お世話になった。特に田中千津子社長には格別にお世話になった，ここにあらためて謝意を表する次第である。

　　令和3年6月　　　　　　　　　　　神戸大学・鶴甲キャンパスの研究室にて

山 内 乾 史

第2版へのはしがき

本書刊行後1年余が経過し，道徳教育やいじめ問題をめぐる状況と議論にも変化がみられる。この変化に対応して本書を改訂する作業が必要になるわけであるが，今回は教え子である武寛子の力を借りて改訂にあたった。初版は私の単著であるが，第2版は武との共著となる。ささやかな改訂に過ぎないが，世に問う次第である。

　　令和5年6月　　　　　　　　　　　佛教大学・紫野キャンパスの研究室にて

山 内 乾 史

目　次

第❶章　「道徳教育の研究」の研究（Ⅰ）—麻生誠はなぜデュルケム『道徳教育論』を訳したのか—………8

第❷章　「道徳教育の研究」の研究（Ⅱ）—校則は拘束か—………30

第❸章　「道徳教育の研究」の研究（Ⅲ）—道徳教育といじめ問題—………54

図表目次

第1章
第2章
第3章
第4章
第5章
第6章
第7章
附録

第 **1** 章

「道徳教育の研究」の研究（I）
―麻生誠はなぜデュルケム『道徳教育論』を訳したのか―

キーワード 　道徳教育，自律性，規律，デュルケム，麻生誠

☞ 要旨

　　本章（ないしは本章に続く論稿）は，日本を代表する教育社会学者の一人である麻生誠（1932-2017）がデュルケムの『道徳教育論』をなぜ訳したのかを探ることを通じて，現代の道徳教育に求められる内容，教育方法を探ることを企図するものである。本章ではまず麻生誠の人物像を描き，またデュルケム『道徳教育論』の概要について述べ，さらに日本の教育社会学者にとって「道徳教育の研究」がどのような意味を持つのか，その中で麻生誠が『道徳教育論』にいかなる思いを託して訳したのかの手掛かりを探った。

❶ 本章の目的

　　本章（ないしは本章に続く論稿）の目的は，日本の教育社会学者である麻生誠が，なぜデュルケム（Émile Durkheim, 1858-1917）『道徳教育論』を訳したのかを探ることを通じて，デュルケム『道徳教育論 *(L'éducation morale)*』（1923）の今日的意義，「道徳教育の『教育社会学』的研究」の意義を探ることである。

　　とくに，本章（ないしは本章に続く論稿）では「道徳」ないしは「道徳教育」の一般的な学説史的，哲学的，歴史的考察ではなく，現在の日本の学校教育においてデュルケム『道徳教育論』がどのような意味を持つのかと

いう点に主として限定して考察することとする。すなわち，優れた古典としてだけではなく，今なお生きている学術書としてどのように受容するのが望ましいのかを検討するというわけである。

小学校では2018年度から，中学校では2019年度から「**特別の教科 道徳**」がスタートする。教科化にあたり，道徳の意味，道徳教育の意味を問い直すうえでも，今，デュルケム『道徳教育論』の訳業の今日的意義を考察することは一定の意義を有するであろう。

❷ 麻生誠とは

麻生誠は日本の教育社会学者である。麻生の師で，フランス社会学に造詣の深い清水義弘（1917-2007）はわが国の教育社会学の基礎を築きあげた人物である。清水は旧制福岡高校（文丙）を経て東京帝国大学文学部で社会学を学び，のちに教育社会学に取り組んだ，いわゆる「第I世代」であるが，麻生は学部生時代から教育社会学を学んだ，いわゆる「第II世代」を代表する研究者である。

ちなみに，この第I世代には二系統ある。加野芳正（1984）によれば，「旧帝大系で設立時の教育社会学講座を担当したのは，…といった社会学出身の人たちである。彼らの多くは本家社会学講座との併任という形態をとった。他方，高等師範・文理大系の東教大と広大では，教育学からの人材が豊富であったせいか，あるいは社会学講座がなかったためか，哲学的色彩の濃い教育学を母体として生成・発展していくことになる」（傍点は加野による）ということである。つまり，「一般に教育学を母体とした東教大や広大では教育現場（特に学校教育）に密着し，教育実践への貢献を意図した研究が多い。…他方，帝大系の特色は，学校教育そのものよりも，むしろ周辺部から比較的マクロな視点を持って眺める点にある」ということとなのである。

教育社会学は，社会学の一分野ではあるが，他の「連字符社会学」（例えば，都市社会学や家族社会学）とは異なり，単なる一分野であるだけではない。文学部社会学科ないしは社会学部など「親元」から引き離されて，文学部教育学科ないしは教育学部などに「養子」に出されて，親学問であ

9

る社会学とはかなり異質な発展形態をとる。その特徴の一つが加野も指摘する「教育現場（特に学校教育）」への密着である。かつては特に高等師範・文理大系の研究者に顕著であるといわれた。もっとも，現在では旧帝大系の出身者でも，「学校臨床社会学」に見られるように現場密着の姿勢は広く見られるようになり，逆に筑波大・広島大の出身者にも社会学的な理論的考察を行う者もいる。時代は変わったといえよう。ただ，いずれにせよ，旧帝大系の研究者には，概して社会学への思い入れが強く，学問的なアイデンティティも教育学ではなく社会学にあるという研究者が年配の世代には多かったことは事実であり，麻生もその代表的な一人である。

　麻生は 1932 年 3 月 30 日に東京都に生まれ，東京教育大学附属高校，東京大学教養学部文科Ⅱ類（当時は文科Ⅲ類と理科Ⅲ類はなかった），同教育学部，同大学院人文科学研究科，日本育英会専門員を経て，東京学芸大学講師となる。その後大阪大学人間科学部で教鞭をとり，放送大学副学長，東京女学館理事長，東京女学館大学学長を歴任し，75 歳で退職する。

　麻生の祖父の麻生正蔵（1864-1949）は成瀬仁蔵（1858-1919）とともに日本女子大学校（現，日本女子大学）の創設に尽力した人物である。麻生は生誕前に銀行員の実父と死別した。そのため，この祖父が親代わりを務めたのである。日本女子大学校においては成瀬が初代校長を務めたが，その没後，祖父正蔵が 1919 年から 1931 年（すなわち麻生の生誕前年）まで第二代校長になっている。その関係で麻生は弱冠 32 歳で 1964 年より日本女子大学の評議員を，1974 年より同大学の理事を逝去直前まで長く務め，同大学より名誉博士号を授与されている（2012 年 6 月）。2017 年 4 月 24 日に肝臓がんのため永眠した。享年 85 歳である。

　なお，麻生は幼少期の頃について 2007 年に執筆した「大学研究者の履歴書」で下記のように記している。

　　1932 年 3 月に東京に出生，銀行員だった父が私が生まれる前に死去し，母も実家に帰ったため，祖父（日本女子大学創立者の一人）のもとで叔父一家とともに幼少期を過ごした。家庭的に不幸な幼少期を送ったわけであるが，家父長制の厳しい時代であったから長男の長子であるというこ

とで大事に育てられた。

　教育者だった祖父は，孫の躾に厳しく隣家に住む日本女子大学の助手をしていた叔母の教育のもとに育った。叔母は素封家の娘で日本女子大学卒業後助手をしていたが，私の面倒をみるために専業主婦となって，私の養育に力を注いでくれた。幼稚園嫌いの祖父の反対で，私は幼稚園には行かなかった。

　昭和一桁世代においては，幼稚園に行かなかった者は少なくなかったようではある。少し時代は下るが，1948 年の幼稚園就園率は 7.3％である。ただ，実父が早逝し，実母が実家に戻るという事情は，今日の若い世代の家庭環境とは相当に異なる。このような環境の下で，独特の教育観をはぐくむようになるのである。

　この祖父については，もう少し踏み込んだ形で麻生（2010a）において示されている。

　私の親代わりであった祖父は，一九一八（大正七）年に大学令が公布された際，**盟友と二人して命がけで女子大学を創設しようとしたのだが，女子が対象であるという理由だけで大学として認定されなかった。**祖父はその悲しみと苦しみをずっと引きずっていた。生まれる前に父と死別していた私は，親代わりだった祖父の思いを，幼少の頃から体で感じ取っていたのかもしれない。祖父のルサンチマンを素直に受け継ぎ，教育を学ぶこと，とくに高等教育に関わることによって祖父の無念を少しでも晴らしてやりたいという，今考えると奇妙な感情から教育学部を選択したのである。（太字は筆者による）

　昭和期を代表する社会評論家，大宅壮一（1959）によれば「…この告別講演で，成瀬は，創立以来の忠実な補佐役をつとめてきた麻生正蔵を後任に指名した。…（中略）…昭和六年，**大学昇格失敗の責任を追うて麻生校長が退き**…（太字は筆者による）」とある。ルサンチマンとはこのことなのであろう。ここで言う「大学昇格失敗」とは『図説　日本女子大学の八〇

年』（1981）によれば，1923年に女子総合大学設立の募金趣意書を発表し，1927年に高等学部予科を開設し，さらに1930年に高等学部本科を開設したのだが，しかし，「女子総合大学に対する理解が一般的にみて未だ熟さず，時期尚早であった」ため，この「大学制度による入学者は，四回生で打ち切りとなった」のである。そして1931年より高等学部学生の募集を中止し，4月に高等学部廃止の責任を取って祖父正蔵が辞任することになるのである。

　しかし，一方で麻生（1991）には次のような記述もみられる。

　　　私は2・3日迷ったあげく，教育学部教育学科に進学することに決めた。その理由は一つは個人的なこと，いま一つは自分の将来と日本の将来を教育に懸けてみようと思ったからであった。このような青くさい決意が，幻想ではなく，賭けとして認められた時代であった。

　この「個人的なこと」がルサンチマンなのであろう。ルサンチマンと同時に「青くさい決意」，すなわち夢，希望，期待を胸に秘めて麻生青年は教育学部に進学したのである。以上，少し屈折した，アンビヴァレントな思いをはらむ教育観と教育へのスタンスがデュルケム『道徳教育論』の訳業とどう関係があるのだろうか。この点は3章で考察したい。

　ところで，研究者としての麻生は若い頃よりエリート教育の研究で知られていた。1967年に福村出版より刊行された『エリートと教育』はその代表作である。当時まだ35歳だった麻生は学会の注目を集める。その後，第14期中央教育審議会にかかわり，才能教育の研究を本格的に始め，「飛び入学制度」の導入にも尽力する。この領域の代表作は，1997年に玉川大学出版部より刊行された麻生誠・岩永雅也編『創造的才能教育』である。さらに生涯教育論，生涯学習論の研究でも知られ，放送大学では授業も担当した。麻生誠『生涯発達と生涯学習―豊かな生涯学習社会をめざして―』（1993年，放送大学教育振興会）がそのテキストである。これら麻生が種をまいたエリート教育，才能教育，生涯教育（学習）の研究については，麻生の後輩や教え子によって十分に受け継がれたとは言い難い面があ

る。しかし，麻生が望まない形にせよ，不完全にせよ，麻生の研究を継承，発展させようとした者が出てきたことも事実である。

　ところが，麻生自身も，麻生の後輩や教え子もほとんど顧みない麻生の業績がある。デュルケム『道徳教育論』の訳業である。

　社会学の祖としては，一般的にコント，ウエーバー，デュルケム，ジンメル，パレート，さらにはスペンサー，マルクスなどが挙げられるが，こと教育社会学に関しては，これら錚々たるファウンディング・ファーザーのうちデュルケムの影響が極めて大きい。デュルケムの代表的な著作としてはいわゆる「四大著作」，すなわち，『社会分業論 (De la division du travail social)』(1893)，『社会学的方法の規準 (Les régles de la method sociologique)』(1895)，『自殺論 (Le suicide : Étude de sociologie)』(1897)，『宗教生活の原初形態 (Les formes élémentaires de la vie religieuse)』(1912) が挙げられる。麻生はデュルケムを「生涯の師」（麻生 1995b）と仰ぎ，デュルケムの諸著作については熱心に研究していたようであるが，『道徳教育論』を含めデュルケム自身に関する論考はほとんどない。東京大学大学院教育学研究科の教育社会学講座で 2 年後輩である山村健 (1933-2008) との共訳『道徳教育論』，および，原田彰 (1937-)，宮島喬 (1940-) との共著『デュルケム　道徳教育論入門』の 2 冊にすぎない。驚くことに日本全体でもデュルケム『道徳教育論』と銘打った単行本は，管見に入る限り，これらのみである。しかも明治図書より刊行された共訳書は半世紀以上前，原田・宮島との共著書は 40 年以上前の刊行で絶版になって久しい。現在新刊で入手可能なのは講談社学術文庫版の共訳書（明治図書版の復刊本）のみである。

　なお，上述の原田彰は，清水義弘とともに日本の教育社会学の基礎を築いた新堀通也 (1921-2014) の高弟で，同志社大学，広島大学等で教鞭をとった。新堀は『デュルケーム研究―その社会学と教育学―』(1966) 等によって，「デュルケムの教育論」研究でも知られているが，原田はその後継者に当たるわけだ。他方，宮島喬はお茶の水女子大学，法政大学等で教鞭をとった，わが国におけるデュルケム研究の第一人者であり，『自殺論』の訳者として広く知られる。

麻生は大阪大学において，教職課程の「道徳教育の研究」という授業を担当していた。筆者自身も受講した（1986年度）が，最初から最後までデュルケムの話ばかりであった。しかし，なぜ麻生がデュルケム『道徳教育論』に注目し，訳業に取り組んだかについては全く語られることはなかった。また学部の講義，演習，大学院の講義，演習においても，筆者との個人的会話においても語られることはなく，周囲の先輩方も関心を持っていなかったようである。インフォーマルなフランス語文献の読書会でも，もっぱらギュルヴィッチの難解極まりない『社会決定論と人間の自由 (*Déterminismes sociaux et liberté humaine : Vers l'étude sociologique des cheminements de la liberté)*』（1955, Presses Universitaires de France）を講読し，デュルケムを読むことはなかった。

　しかし，意外と言及されないけれども，「麻生誠」の名を冠した数多くの著作のうち，最初の著作が山村健との共訳『道徳教育論』であり，最後の著作は講談社学術文庫の一冊として復刊された『道徳教育論』である。まさしくデュルケムに始まりデュルケムに終わった研究者人生であり，『道徳教育論』に始まり『道徳教育論』に終わった研究者人生だったのである。32歳の若さで第二外国語であるフランス語の翻訳書，それも大家デュルケムの翻訳書で出版界デビューとは，現在なかなか考えられないことである。四半世紀にわたり教えを受けた者の一人としてこのことの意味を考察する必要があると考える。

　私事ながらこれと関係することを述べさせていただきたい。麻生は2007年3月末をもって（日本女子大学理事等の役職を除いて）教員・研究者としては退職した。その時に麻生の主たる業績（過去の絶版になっている業績を含む）で重要なものを文庫本ないしは新書の形で復刊しようという声が弟子筋の間から起こった。その時に候補に挙がり，現に講談社学術文庫から刊行されたのが『日本の学歴エリート』だった。原著は1991年に玉川大学出版部より刊行されていた。麻生の最初の単著は既述の『エリートと教育』であるから，やはりエリート教育の研究者として，自分の成果を残しておきたかったのであろう。岩永雅也（放送大学），木村涼子（大阪大学）両氏と筆者が主として校正を担当し，2009年12月に刊行された。そ

の労に対して麻生夫妻が東京丸の内のレストランで宴席を設けられた。2010 年 3 月末のことである。岩永，木村両氏，それから講談社の阿佐信一氏，筆者の 4 名が招かれ会食した。筆者にとっては，その会食が麻生との最後の直接の対面の機会となった。

　そのしばらく後，2010 年 4 月に，講談社より小包が届いた。何かと怪訝に思い，帯を解けば『道徳教育論』である。今にして思えば，麻生は，自らの生涯にわたる数多くの業績（しかもそのほとんどは絶版品切れになっている）を振り返って，「エリート教育の研究」と「デュルケムの訳業」を後世に遺すべき仕事，遺すことのできる仕事として文庫化したかったのだ。同書には，麻生としては極めて珍しく「デュルケム・ルネッサンスを！の願いを込めて，謹呈いたします。二〇一〇年五月一二日　麻生誠」と熱い献辞が付けられていた。それだけ深い思い入れがあったのであろう。

　「CiNii Books」で「道徳教育論」というタイトルで検索すると 86 件がヒットするが，その中で最も所蔵図書館が多いのが麻生・山村共訳（1964）の旧版『道徳教育論』で 304 館，ついで麻生・山村訳（2010）の文庫版で 226 館である。前者は『世界教育学選集』に入れられたこともあり，学術的に重要であるばかりではなく，商業的にも成功したのであろう。思い入れはかなり深かったはずである。

　脱線したけれども，社会学の祖，教育社会学の祖として言及される機会のきわめて多いデュルケムではあるが，『道徳教育論』については「四大著作」ほどには言及されていない。もちろん皆無ではなく，後掲の「引用・参考文献」にみられるように少ないけれども見受けられる。近年においても平田文子（2017），森田美芽（2018），水谷友香（2020）のような研究がみられることは付け加えておかねばならない。

　だが『道徳教育論』はデュルケムの他の著作ほどには言及されないのはなぜだろうか。また，それをなぜ麻生誠は訳したのか，なぜ先述のような熱い思いを抱いたのか。そしてなぜ，その思いを十分に語ることなく逝去したのか。この問題を考察することが本章（ないしは本章に続く論稿）の目的である。

❸ デュルケム「道徳教育論」の要諦

　まず，最初にデュルケム『道徳教育論』の内容を概観しなくてはならない。

『道徳教育論』はデュルケムのソルボンヌ大学における 1902 年から

1903 年にかけての講義録を彼の死後，弟子たちが公刊したものである。デュ

ルケムは 1917 年に没するが，1922 年に『教育と社会学 (Éducation et so-

ciologie)』，1925 年に『道徳教育論』，1938 年に『フランス教育思想史

(L'Éducation pédagogique en France)』と教育関係の重要著作が相次いで

刊行された。いずれも講義録であり，デュルケムの高弟ポール・ファコネ

(Paul Fauconnet)，モーリス・アルヴァクス (Maurice Halbwachs) たちの

労による出版である。今日，われわれ教育社会学者がデュルケムの教育論

に学ぶことができるのは，全面的にこの高弟たちのおかげである。

　そもそもデュルケムがなぜ道徳教育を考察の対象として取り上げたので

あろうか。それはフランスが歴史の大きな転換点にさしかかっていたから

である。つまり，王制から共和制への移行に際して，カトリック教会の宗

教道徳から脱して，教会とは切り離された世俗化した学校において，国家

の責任において，「全国民に共通する普遍的な課題として，公教育の場で

行われねばならない…それは教育の世俗化の基礎理念でもあったのだ」（麻

生・原田・宮島 1978）ということなのである。

　ユダヤ教教誨師の子に生まれたデュルケムにとって，宗教は生涯にわた

る研究対象であった。主著『自殺論』も『宗教生活の原初形態』も宗教と

深いかかわりを持つ。教会が支配する宗教道徳からの解放とそれに代わる

ものとして，何を世俗的道徳として教え学ぶべきかを考察したのが『道徳

教育論』である。

　デュルケムの『道徳教育論』は「開講講演　教育学と社会学」，第一講

「世俗的道徳」に続いて，二部からなる。第一部は「道徳性の諸要素」と

題する，いわば理論編であり，第二部は「道徳性の諸要素を子供の内部に

確立する方法」と題する，いわば実践編である。麻生・山村訳（1964）に

付された「解説」によれば第一部は「道徳そのものの社会学的分析」，第

二部は「固有の意味における教育学的問題にかかわるもの」である。

第一講「世俗的道徳」の後，第一部は次のような構成を取る。

第二講　道徳性の第一要素—規律の精神
第三講　道徳性の第一要素—規律の精神（続）
第四講　道徳性の第一要素—規律の精神（完）／道徳性の第二要素—社会
　　　　集団への愛着
第五講　道徳性の第二要素—社会集団への愛着（続）
第六講　道徳性の第二要素—社会集団への愛着（完）／二つの要素の関係
　　　　と総括
第七講　道徳性の二要素に関する結論と道徳性の第三要素—意志の自律性
第八講　道徳性の第三要素—意志の自律性

　第二部は「その一　規律の精神」と「その二　社会集団への愛着」から
成り，次のような構成を取る。

その一　規律の精神
第九講　規律と子どもの心理
第十講　学校の規律
第十一講　学校における罰
第十二講　学校における罰（続）
第十三講　学校における罰（完）と褒賞

その二　社会集団への愛着
第十四講　子どもの愛他主義
第十五講　学校環境の影響
第十六講　学校環境の影響（完）／科学教育
第十七講　科学教育（完）
第十八講　芸術的陶冶と歴史教育

　明記されているわけではないが，筆者が受講した「道徳教育の研究」の

授業内容や麻生・原田・宮島『道徳教育論入門』の内容，また山村（1974）の内容から判断して，麻生は主として第一部を訳出し，山村が主として第二部を訳出したのではないかと推測する。『道徳教育論入門』において麻生は第Ⅱ章「道徳教育論（1）—道徳教育の原理—」と題して，第一部，すなわち理論編の解説を担当している。ただし，大変残念なことに，この章は麻生の言葉で語られているのではなく，麻生がデュルケムの言葉をまとめたものである。適切な要約ではあるが，麻生自身の言葉を聞きたかったと考えるのは筆者だけであろうか。

　同章の末尾には下記のような文言が記されている。

　　［あとがき］本章では，デュルケムの『道徳教育論』（麻生誠・山村健
　　訳，明治図書刊）の第一部を，私自身デュルケムになったつもりで簡明
　　に表現しようとした。そのため，第Ⅲ章とはスタイルが異なったものと
　　なった。もともと原文は，彼の講義草稿をもとに編まれているため冗長
　　な個所が多く，解りにくい点が多かったので，このような方法によって
　　デュルケムの思想をわかりやすく伝えようとしたのである。

「師」の言葉に余計な注釈を加えるのは僭越あるいは不敬とでも麻生は考えたのであろうか？　今となっては永遠の謎になってしまったという他ない。

　ところでデュルケムに限らず，社会学者の基本的なスタンスとして，社会はただ単なる個人の総和ではなく，個人には還元できない別物であり，したがって個人の内面を分析しても社会の分析はできないというスタンスがある。もちろん，心理学固有の役割を否定するものではなく，それどころか教育の科学として心理学が重要であることをデュルケムは認めている。しかし，心理学のみでは不十分であり，社会学の果たすべき固有の役割があるとデュルケムは考えるのである，

　なぜなら，学校は若い世代の組織的な社会化を図る機関であり，そして，その社会化の機能の一つに「世俗的道徳」について学ぶことが含まれるからである。

　デュルケムにとっては，一人孤立した状態では道徳という概念は生まれない。したがって，「道徳」あるいは「道徳教育」は優れて社会学的な概念であり，社会学の方法による分析を必要とするのである。デュルケムによれば，道徳的目的とは社会を対象とするものであり，道徳的行為とは，集団的利益のためにふるまうことになるということなのである。

　したがって，デュルケム『道徳教育論』は道徳を規範的に考察したものではなく，「道徳の科学（モラル・サイエンス）」を目指し，道徳教育の社会学的分析を目指したものである。

　デュルケムの『道徳教育論』に対して投げかけられるステレオタイプの批判として，既成の価値観や規範を内面化するものであり，保守的であるとの批判がある。しかし，それはデュルケム『道徳教育論』の誤読であろう。この点に関して，先に目次で述べた「道徳性の第三要素—意志の自律性—」が重要になってくる。「道徳性の第一要素」とは個人の外にある規律であり，「道徳性の第二要素」とは社会への愛着である。

　麻生が「デュルケムになったつもりで」述べるところでは，第一要素と第二要素は下記のようになる（麻生・原田・宮島 1978）。

　　社会と個人との道徳的関係が成立するには，まず第一に，社会は，絶対に諸個人の単なる集合へと還元されてはならない。なぜなら，各個人の個々の利益が道徳的性格を持っていない限り，そのような個人的利益の集合は，いかに多数に上るとも，それ以上の意味は持ちえないからである。社会が道徳的行為の目的となりうるためには，社会は固有の性格を，すなわち，その成員の人格とは異なる独自の人格を持たねばならない。かくして道徳は，人間を個人的利益の範囲を超えた超個人的目的に結び付けることができるのである。

　　だが，以上の条件のみでは十分ではない。それに加えて，人間が自ら社会に愛着し帰服することが必要である。もしも社会が，単に個人以外のもの，私たちに無関係のもの，という点で区別されるのであれば，社会への愛着は説明されないであろう。実際，ある存在への愛着とか帰服とかは，ある程度自己を対象と混同し，それと一体化し，さらには，そ

れが自己犠牲にまで発展する場合には，己れを対象の身代わりに供しう
る状態にまで至るものだ。

それに対して第三要素は次のようになる。

　…合理化された道徳は，それが宗教的基盤に支えられている限り，論
理的にどうしても免れえなかった旧套墨守から解放される。道徳をもっ
て永久不変の法と解するならば，当然，それは神の表象として捉えられ
ることとなる。だが反対に，私が立証しようとしたように，道徳が，ひ
とつの社会的機能を構成するものであるならば，それは，社会が持つ相
対的普遍性と相対的可変性とをこもごもに分析することになる。かくし
て，論理的に言って，合理的道徳の内にのみ正当な地位を占めることが
できる道徳の一要素が，ここに新たに登場してくるのである。
　…私たちは，この道徳の第三要素を，道徳を理解する知性（l'intelli-
gence de la morale）と呼んでおこう。もはや，道徳性は，単にある特定
の行為を全うすることにあるのではない。さらに，その命令された行為
が自由意志によって求められること，つまり，自由意志によって受け入
れられることが必要なのである。

　長い引用となったが，第三要素では宗教道徳から世俗的道徳への転換と
いうことに関して，道徳に対してただただ受動的なばかりでなく，能動的
な主体として，自律的な社会の構成員としての人間が描かれている。この
点を見逃してはいけない。
　第二部においては，これら「道徳性の三要素」のうち第一要素と第二要
素について，実際の学校教育，教室内での実践について考察が深められて
いる。第三要素に対応する箇所はない。第一部においても第一要素と第二
要素に割かれた紙数に対して第三要素に割かれた紙数はかなり少ない。
　概して，『道徳教育論』の第一部は評価が高く，第二部はそれと比較し
て，やや評価が低いように見受けられる。その理由は，当時発展途上にあっ
た心理学の知見を前提にして，心理学に対する批判，社会学の独自性，重

第 1 章　「道徳教育の研究」の研究（Ⅰ）

第1章
第2章
第3章
第4章
第5章
第6章
第7章
附録

要性を説くという基調への批判が大きいように考えられる。また教室内の人間関係の捉え方についても問題があるとの批判が多い。

　もちろん，デュルケムの没後 100 年を経過した現在，『道徳教育論』発刊時には生誕したばかりだった社会学も，もちろん，心理学，教育諸科学もその後の 100 年間で大いに進歩し，議論の前提が変化している。そして教育内容と教育方法においてもめまぐるしい変化があったことも事実である。

　しかし，そういった変化を考慮しても，道徳の社会学的考察の嚆矢として『道徳教育論』は些かもその価値を減じないものと考える。「道徳」，「道徳教育」が社会学的概念であり，しかもデュルケム社会学における中心的概念であるという事実には変化がなく，心理学や教育諸科学において十分に顧みられない視角からの「道徳」，「道徳教育」論は社会の考察にとって欠かすことのできないものである。そこにデュルケム『道徳教育論』の不変の価値，不朽の価値があると考える。

　なお，第二部の意義については次章以降で詳述するが，一言だけ述べておく。つまり，第一部が極めて抽象的で難解であり，第二部の具体的な実践編があって第一部が理解可能になるともいえるのであり，その観点から第二部の役割を再評価すべきものと考える。

❹ 日本の教育社会学者は「道徳教育」をどう捉えるか

　概して，教育社会学者にとっては「道徳教育」は縁遠い分野である。一般的にも，「道徳教育」の研究はピアジェ，コールバーグ，ギリガン，リバーマン等の心理学者（発達心理学者，教育心理学者，認知心理学者）や，あるいはカント，ヒューム等の道徳哲学者，倫理学者の手によって推進されてきたものと受け取られている。もちろん，心理学者の場合は―コールバーグの発達段階論に典型的に見られるように―「道徳性の発達」に主たる関心があり，道徳哲学者の場合には―カントの「定言命法」，「仮言命法」に典型的にみられるように―道徳，倫理そのものに主たる関心があるのはもちろんである。最も深く「道徳教育」の研究に携わってきたのは哲学者たちの中でも教育哲学者たちであろう。日本の場合，松下良平（1959-）がその代表的な存在である。「教育の実証科学」を志向する教育

社会学にとって，教育哲学は対極的な存在に近い。

　こういった，心理学的，哲学的，教育哲学的アプローチと社会学・教育社会学のアプローチとは相いれない面をもち，教育社会学者はなかなか道徳教育の問題を積極的に扱おうとしないのである。

　具体的に述べるならば，社会規範は研究の対象としては魅力的ではあるが，「道徳教育」に対する誤ったイメージ，すなわち「規範の内面化＝価値の押し付け」という歪んだイメージが一部のマスコミや社会運動家によって喧伝されるきらいがあったことも事実であり，ペダゴジーのいわゆる「べき論」を忌避し，教育の実証科学を標榜する教育社会学者にとっては「道徳教育」は魅力の薄いテーマだったのかもしれない。

　もちろんデュルケムによって扱われた『道徳教育論』は心理学的，哲学的アプローチになじまないものではあるが，上述の理由により「四大著作」ほど顧みられることはなかったのではなかろうか。

　また，教育学的，教科教育論的なアプローチの「道徳教育論」もあるが，これらは社会学・教育社会学者にとっては，いかにも「規範的」なアプローチのにおいがして，積極的にかかわろうとする対象ではなかったのであり，その中にデュルケムの『道徳教育論』も埋もれてしまったのではないだろうか。

　すなわち，『道徳教育論』における「道徳性の第三要素」が看過されているのであり，この深い考察こそが社会学的には求められるのではないかと考える。先述のように，デュルケム自身，第一部では第三要素は第一要素，第二要素と比して簡潔に扱われ，第二部では第三要素に対応する部分だけが欠落している。これも誤解を招く原因になったのであろう。

❺ デュルケム『道徳教育論』の今日的な社会学的意義

　ここで，再び麻生の議論に戻るが，筆者の四半世紀にわたる麻生とのかかわりから判断して，失礼ながら麻生はいわゆる「モラリスト」とはいえないと感じる。その麻生がなぜ若き日に，『道徳教育論』の訳業に取り組んだのか。明治図書版の訳者による「解説」（麻生と山村の共著ということであろう）には次のようにある。

　たしかにデュルケムの「道徳教育論」は，西欧に固有の問題に端を発した著述ではあるが，それ自身普遍的な古典的価値を持つことによって，われわれが置かれている問題状況に対しても力強い方向づけを与える。…（中略）…戦後のわが国の道徳的混乱は未解決のまま現在にまでおよんでいる。…（中略）…デュルケムの「道徳教育論」は合理的な一種の社会学的エッセンシャリズムの立場に立つことによって，戦前のわが国の精神的規定を形成した教育勅語による国家神道的国民道徳論にたいする批判となると同時に，戦後の新教育の中に見られる功利主義的個人主義の立場に立つ道徳論にたいする鋭い批判となる。…（中略）…社会を本位とし，歴史や文化を背景としながらも，深く個人の自律性，自発性を考え，これを確保しようとするデュルケムの「道徳教育論」は，混乱した今日の道徳教育の現場にあって，ともすれば，目標を見失い，自信を喪失しがちな教師たちに新たな自信と勇気を与えることであろう。

　また，山村没後の講談社学術文庫版に寄せられた麻生（2010b）「学術文庫版へのあとがき」では次のように述べられている。これは実質的に麻生の絶筆である。

　本書が発刊された当時は，戦前戦中の我が国の道徳教育─すなわち国家神道的な「修身」教育─に対する反発が，強く教育界に広がっていた。個人を超越した存在である社会に対する，個人の義務や献身を説くデュルケムの道徳教育論に対しても，同様に根強い反発のある時代だった。…（中略）…ここで論じられている道徳は，宗教に寄り掛かることなく，また，戦前の我が国のように国家にのみ奉仕するものでも，逆に個人の利益追求を偏重するものでもない。それは，子どもたちが広く「人類社会」の存在を認識し，そのなかで自律的な個人を確立するための「合理的な道徳」なのである。ここで語られる道徳論と教育論は，まったくその価値を減じていないばかりか，さらに重要性を増しているのではないだろうか。

と述べている。麻生・原田・宮島（1978）における麻生自身の第一部解説では，「道徳性の第三要素」は，第一要素，第二要素と比べて極端に短くなっているが，やはり「自律的な個人を確立するための『合理的な道徳』」を説くところに『道徳教育論』の価値を見出しているのである。

引用・参考文献

- 青木生子（発行者）（1981）『図説　日本女子大学の八〇年』日本女子大学
- 麻生誠・山村健「解説」麻生誠・山村健共訳（1964）『道徳教育論 2（世界教育学選集 33）』明治図書，pp. 173-180
- 麻生誠・原田彰・宮島喬（1978）『デュルケム　道徳教育論入門』有斐閣（有斐閣新書）
- 麻生誠（1991）「私の出会った学者たち」民主教育協会編『IDE・現代の高等教育』No.327，pp. 51-55
- 麻生誠（1995a）『麻生誠教授　経歴と業績』大阪大学大学院人間科学研究科
- 麻生誠（1995b）『麻生誠教授　最終講義録』大阪大学大学院人間科学研究科
- 麻生誠（2007）『大学研究者の履歴書　麻生誠』広島大学高等教育研究開発センター（https://rihe.hiroshima-u.ac.jp/center-data/researchers-resume/asou/，2019 年 11 月 19 日閲覧）
- 麻生誠（2010a）「真のエリートとは何か」『本―読書人の雑誌―』講談社，pp. 47-49
- 麻生誠（2010b）「学術文庫版へのあとがき」デュルケム, E. 著，麻生誠・山村健共訳『道徳教育論』講談社（講談社学術文庫），pp. 466-468
- 石田純（1984）「デュルケム道徳教育論講義（Ⅰ）」『山梨大学教育学部研究報告 第 1 分冊　人文社会科学系』第 35 号，pp. 151-159
- 石田純（1986）「デュルケム道徳教育論講義（Ⅱ）」『山梨大学教育学部研究報告 第 1 分冊　人文社会科学系』第 37 号，pp. 82-89
- 石田純（1993）「デュルケム道徳教育論講義（Ⅲ）」『山梨大学教育学部研究報告 第 1 分冊　人文社会科学系』第 44 号，pp. 177-185
- 太田健児（1998）「デュルケム道徳教育論形成過程の研究―道徳の三要素から二要素へ　道徳の強制力への収斂問題―」『東京大学大学院教育学研究科紀要』第 38 巻，

第 1 章 「道徳教育の研究」の研究 (I)

第1章
第2章
第3章
第4章
第5章
第6章
第7章
附録

pp. 63-70

• 太田健児（1999a）「デュルケム道徳教育論における共和主義的市民像の問題—A. フイエの道徳論との対比において—」『日仏教育学会年報』第 4 巻，pp. 68-79

• 太田健児（1999b）「デュルケム後期道論における認識論問題—『宗教生活の原初形態』のカテゴリー論と学説史再編問題を手がかりとして—」『日仏社会学会年報』第 9 号，pp. 39-55

• 太田健児（2000a）「デュルケム道徳論形成における『形而上学』との交錯問題—デュルケム対フイエ—『社会学的なるもの』をめぐる拮抗—」『社会学史研究』第 22 号，日本社会学史学会，pp. 77-88

• 太田健児（2000b）「デュルケム中期道徳論における認識論問題—個人表象の問題を手がかりに—」『日仏社会学会年報』第 10 号，pp. 1-18

• 太田健児（2001）「デュルケム前期道徳論における認識論問題—道徳的事実と倫理工学の射程—」『日仏社会学会年報』第 11 号，pp. 95-112

• 太田健児（2003）「デュルケムにおけるライックな道徳の意味—神なき時代のモラルサイエンス問題—」『尚絅学院大学紀要』第 50 集，pp. 57-69

• 太田健児（2008）「フランス第三共和制期世俗的道徳教育論の諸相Ⅱ—モラルサイエンス前史とデュルケーム前期道徳教育論—」『尚絅学院大学紀要』第 56 集，pp. 135-147

• 太田健児（2009a）「フランス第三共和制期世俗的道徳教育論の諸相Ⅲ—デュルケーム中期道徳教育論：生理学的心理学と集合表象論—」『尚絅学院大学紀要』第 57 集，pp. 119-130

• 太田健児（2009b）「フランス第三共和制期世俗的道徳教育論の諸相Ⅳ—デュルケーム中期道徳教育論Ⅱ：スピリチュアリスムとモラル・リアリティー」『尚絅学院大学紀要』第 58 集，pp. 135-146

• 太田健児（2010）「フランス第三共和制期世俗的道徳教育論の諸相Ⅴ—デュルケーム中期道徳教育論Ⅲ：『道徳教育論』—」『尚絅学院大学紀要』第 59 集，pp. 69-76

• 太田健児（2011）「フランス第三共和制期世俗的道徳教育論の諸相Ⅵ—デュルケーム中期道徳教育論Ⅳ：『道徳教育論』その 2—」『尚絅学院大学紀要』第 61 集，pp. 75-86

• 太田健児（2012a）「フランス第三共和制期世俗的道徳教育論の諸相Ⅶ—デュルケー

ム中期道徳教育論Ⅴ：『道徳教育論』その 3―」『尚絅学院大学紀要』第 63 集，pp. 59-69

・太田健児（2012b）「フランス第三共和制期世俗的道徳教育論の諸相Ⅷ―デュルケーム中期道徳教育論Ⅵ：『教育学と社会学』―」『尚絅学院大学紀要』第 64 集，pp. 87-100

・太田健児（2013）「フランス第三共和制期世俗的道徳教育論の諸相Ⅸ―デュルケーム中期道徳教育論Ⅶ：『フランス教育思想史』―」『尚絅学院大学紀要』第 66 集，pp. 49-60

・太田健児（2014）「フランス第三共和制期世俗的道徳教育論の諸相Ⅹ―デュルケーム後期道徳教育論Ⅰ：『宗教生活の原初形態』―」『尚絅学院大学紀要』第 67 集，pp. 93-106

・太田健児（2015）「フランス第三共和制期世俗的道徳教育論の諸相ⅩⅠ―デュルケーム後期道徳教育論Ⅱ：『宗教生活の原初形態』その 2―」『尚絅学院大学紀要』第 70 集，pp. 51-63

・太田健児（2017）「フランス思想史の中のデュルケム―神なき時代のモラルサイエンスと社会学―」『社会学論叢』第 188 号，日本大学社会学研究室，pp. 23-36

・大坪嘉昭（1980a）「日本の近代化と国民教育」『北海道教育大学紀要　第一部 C 教育科学編』第 30 巻第 2 号，pp. 29-39

・大坪嘉昭（1980b）「道徳教育の社会学をめざして―倫理判断の社会学的研究の可能性の検討―」『北海道教育大学紀要　第一部 C 教育科学編』第 30 巻第 2 号，pp. 41-48

・大坪嘉昭（1981）「デュルケーム道徳教育論の研究Ⅰ―道徳の社会学Ⅰ―」『人文論究』第 41 号，北海道学芸大学函館人文学会，pp. 1-18

・大宅壮一（1959）『大学の顔役』文藝春秋

・景井充（2014）「デュルケム社会学を根本思想として捉えなおす―デュルケム道徳社会学は何を目指したか―」『立命館産業社会論集』第 50 巻第 2 号，立命館大学産業社会学部，pp. 55-67

・加野芳正（1984）「教育社会学の発展過程―要約と結論―」新堀通也編『学問の社会学』有信堂，pp. 196-212

・小関藤一郎（1994）「デュルケームの道徳研究―社会学的研究と哲学の問題―」『関

第1章　「道徳教育の研究」の研究（Ⅰ）

第1章

第2章

第3章

第4章

第5章

第6章

第7章

附録

西学院大学社会学部紀要』第69号，pp. 3-17

・新堀通也（1955）「道徳教育の原理（第1回）―デュルケーム教育理論の研究―」『広島大学教育学部紀要第一部』第3巻，pp. 53-74

・新堀通也（1956）「道徳教育の原理（第2回）―デュルケーム教育理論の研究―」『広島大学教育学部紀要第一部』第4巻，pp. 49-72

・新堀通也（1957）「道徳教育の原理（第3回）―デュルケーム教育理論の研究―」『広島大学教育学部紀要第一部』第5巻，pp. 41-58

・新堀通也（1963）「フランス社会学とデュルケーム」『広島大学教育学部紀要第一部』第12巻，pp. 41-52

・新堀通也（1966）『デュルケーム研究―その社会学と教育学―』文化評論出版

・スペンサー，H.（三笠乙彦訳）（1969）『知育・徳育・体育（世界教育学選集50）』明治図書

・清田夏代（2005）「公教育における道徳教育と市民道徳―コンドルセの公教育論とデュルケム学説の比較検討を通じて―」『フランス教育学会紀要』17号，pp. 19-32

・田中秀生（2004）「【研究ノート】公民科教育法における『権威』概念―デュルケム『道徳教育論』について―」『太成学院大学紀要』第6号，pp. 111-119

・デュルケム，E.（麻生誠・山村健共訳）（1964）『道徳教育論1，2（世界教育学選集32，33）』明治図書

・デュルケム，E.（麻生誠・山村健共訳）（2010）『道徳教育論』講談社（講談社学術文庫）

・中村清（2006）「デュルケム道徳教育論における愛国心の意味」『宇都宮大学教育学部紀要第Ⅰ部』第56号，pp. 1-15

・仲康（1983）「J. J. ルソーとE. デュルケームにおける根本思想―ルソー『エミール』とデュルケーム『道徳教育論』を主題として―」『哲学』第77集，三田哲学会，pp. 55-82

・原田彰（2001）「デュルケームの学級社会学」『子ども社会研究』第7号，日本子ども社会学会，pp. 83-95

・平田文子（2017）「デュルケーム道徳論の舞台裏―フランスユダヤ政策下のデュルケーム一家―」『早稲田大学大学院教育学研究科紀要』別冊24号-2，pp. 173-184

・藤巻公裕（2008）「追悼記　山村健先生を偲んで（山村健名誉学長・名誉教授追

悼)」『山村学園短期大学紀要』第 20 号，pp. 1-4

- 宮島喬（1977）『デュルケム社会理論の研究（現代社会学叢書）』東京大学出版会
- 水谷友香（2020）「デュルケム道徳教育論の成り立ち─〈意志の自律性〉の意義─」『人間・環境学』第 29 巻，京都大学大学院人間・環境学研究科，pp. 25-37
- 森田美芽（2018）「デュルケムの教育論」『大阪キリスト教短期大学紀要』第 58 集，pp. 1-14
- 山村健（1974）「デュルケムの道徳教育論」波多野述麿・今野喜清編『価値観と道徳（現代教科教育学大系 10）』第一法規，pp. 117-130

参考映像資料

- NHK クローズアップ現代＋『"道徳"が正式な教科に　密着・先生は？子どもは？』（2018 年 4 月 23 日）

❶ 「規律の精神」とは何か，説明してください。
❷ 「社会集団への愛着」とは何か，説明してください。
❸ 「意志の自律性」とは何か，説明してください。

ディスカッション

価値観の教育は可能なのでしょうか。考えてみよう。

〈MEMO〉

第**②**章

「道徳教育の研究」の研究（Ⅱ）
―校則は拘束か―

> **キーワード**　ブラック校則，合理性，学校的なるもの，学校文化，青春ドラマ（学園ドラマ）

☞ **要旨** ------------------------------------

　現在，「ブラック校則」をめぐる議論が盛んである。しかし，校則をめぐる学術的議論はきわめて少ない。本章では，その数少ない校則をめぐる学術的議論およびその周囲の議論を取り上げ，校則とは何かを問い，校則と道徳の関係を検討することを目的とする。具体的には，まず先行研究を概観し，校則をめぐる議論を整理した。ついで，青春ドラマ（学園ドラマ）に現れた教師像の分析を通じて，教師・校則と学校文化との関係を検討した。従来の研究においては，校則は「明文化されたもの」と考えられているが，明文化されないものも含めて，校則は規則の類に留まらず学校文化の中に「学校的なるもの」として埋め込まれたものをも含めて成立するのであり，学校文化＝文脈を考えて検討すべきものであると論じた。

----

❶ 本章の目的

　「ブラック校則」をめぐる議論が盛んである。『ブラック校則』というタイトルで2019年に映画化・TVドラマ化されたもの（佐藤勝利・高橋海人主演）が評判になり，さらにはノベライズ・コミカライズもされた。しかし，そもそも，校則の本質とは何であろうか。そのことについて，「『道徳教育の研究』の研究」との関連から論じることが本章の目的である。

　冒頭から横道にそれて恐縮ではあるが，筆者は長年にわたり，1960年

代のブリティッシュ・ロックを愛聴している。特に The Rolling Stones，The Who，The Kinks，The Yardbirds 等のグループを愛好している。もちろん，世代的には，1970 年代半ばのパンク／ニューウエイヴ世代であり，The Sex Pistols，The Clash，The Stranglers，The Blondie，The Police などを熱心に聴いていた（このうち The Blondie だけはアメリカ合衆国のバンドである）。

特に Stones の「Empty Heart」(1964)，「Paint It, Black」(1966)，Pistols の「Pretty Vacant」(1977)，「No Feelings」(1977) を聴いた時には，自分の住む世界が逆さまになってぶっ壊れるかと大真面目に感じたほどの衝撃を受けた。

ただ，なぜか The Beatles は好きになれなかった。「なぜか」と書いたが，その理由は実はわかっている。The Beatles はいかにも「学校的なるもの」であって，「学校公認＝優等生＝大人の認める音楽」であることが好きになれない理由であった。その対極にあったのが，古くは The Rolling Stones，そして何よりも The Sex Pistols と The Clash を筆頭とするパンクロックであった。

筆者はカトリック校の出身なのだが，忘れられないのが，高校 2 年春の文化祭で同級生がバンドを組んで，和製 Clash ともいえる「アナーキー」のナンバーを演奏したことである。そこに担任の敬虔なスペイン人神父が来て，「これは悪魔の音楽です」と苦り切って言うのを聞いた。この神父によると「讃美歌とクラシック以外は基本的に悪魔の音楽」で，現代音楽では The Beatles は認められるとのことであった。筆者はこの神父にずいぶんかわいがっていただいたのだが，筆者生来のひねくれ者の本性が顕現して「学校に認められないからこそいいのだ」という感をより強くした。筆者が物心ついて音楽を聴き始めるようになった 1970 年代半ばには，The Beatles はすっかり，公認されオーソライズされた「優等生のロック」になっていた。

音楽史的には，もともと大人への反抗として登場してきたはずのロックが大人に受け入れられて飼いならされていくことへの反発として，先に述べた一連のパンクロックが登場したということは周知のとおりである。筆

者にとっては，The Beatles は大人に飼いならされた優等生ロックの代表格であった。筆者にとっての偶像は Mick Jagger と Keith Richards であり，何かと説教臭い John Lennon も，商業主義の臭いがプンプンする Paul McCartney も，どちらも反抗的な青年が嫌う人間の典型であった。ことに John Lennon は大金持ちにもかかわらず「労働者階級の英雄」としてふるまっている（ように見える）ことにも，偽善のにおいをかぎ取り，嫌悪感を持っていた。

　今では The Beatles の良さも理解し，愛聴しているし，特に最末期のいわゆる「ゲットバック・セッション」の人間臭いごたごたが大好きである（われながら，何ともひねくれた好みである）。だが，30歳になる前の筆者にはその良さが全く理解できなかった。

　同じような理由で，アメリカン・ロックに関しても暗い陰のある The Doors についてはこよなく愛するけれども，能天気な The Beach Boys や人工的に作られた The Monkees については優等生的，商業主義的な臭みが強くて好きにはなれなかった（こちらも今では愛聴している）。

　この「学校的なるもの」への反発ということが本章および次章のキーワードになる。

　さて，これだけなら，ありがちな「元」若者の独白にすぎないのだが，それだけではない。筆者の両親ともに教師であった。母は女子高校の英語教師で，結婚を機に退職した。父はもともと中高一貫女子校の国語教師で，筆者が10歳になった時に系列の女子大学に移籍し，都合，40年以上にわたり教員であった。そして筆者自身も現在，教員になって30年を経過している。学校に反発しつつ，その構成員であり続けているのである。教員を両親に持ち，自らも教員になり，しかし，学校に対し違和感を持ち続けるのはなぜなのか，この点について自省することにもつながる。この自省は，一見，道徳教育とは何も関係がないように見えるが，深い関係を持っているのである。

❷ 学校という組織と校則

　校則に関する学術的な研究は，過去から現在に至るまできわめて少ない。

その中で教育社会学の視点からの研究として代表的なものを取り上げて検討する。

ウィラード・ウォーラーの古典的名著『学校集団』（原著 1932 年，訳書1957 年）には「学校は一つの社会」であると述べられている。したがって「学校には独自の文化が育っていく」のである。そして社会であるからには，その社会の秩序を維持するために規則が必要である。

まさしくデュルケム（2010）が喝破したように，社会があるからこそ道徳が存在するのであり，「社会には道徳教育が必要になる」ということと同様に，「社会には規則が必要とされる」のである。したがって，道徳も校則も社会学的分析が可能であり，また社会学的分析を必要とするのである。

ウォーラーは「第一編　総論」の「第二章　社会的有機体としての学校」中の「学校統制の三段階」において次のような 3 つの段階について述べる。

(1) **理論的統制**—教育委員会または大学評議委員会による学校の統制。
(2) **実質的統制**—学校運営に関し，校長が直接または教員を通じて行う統制。
(3) **理想的統制**—学校運営に対し生徒自体が行う統制。すなわち非統制者の合意に基く政治形態である。ただしこの場合，合意とはいっても全然意志を表明しない生徒も少なくない。

（太字，ルビは筆者による）

この統制に関してウォーラーは次のように指摘する。

　学校の政治機構を理解しようと思えば，学校は元来権威主義に立つものであり，しかもこの権威は常におびやかされているものだということを決して忘れてはいけない。

「学校は元来権威主義に立つ」，そして「この権威は常におびやかされている」という指摘は校則を考察するうえで重要である。また次のようにも

言う。

　それでもなお，それら（筆者注：教科外活動のこと）が学校というより
大きな組織にお株を奪われて，正規の授業やカリキュラムに組み入れら
れる傾向もあるようである。とくにこうした団体活動を生徒の自発的な
自己表現の機会と考えるならば，恐らく一番困るのは，それが正規の授
業にされることだろう。もっとも，これに対する校長の考え方は少し違
う。その見解によると，一番よろしくないのは生徒団体が活気をおびて，
自主的になってくることである。なぜなら，そうなると生徒は独立を主
張し，学校の統制は危殆に瀕するからである。（ルビは原著者による）

　ウォーラーの原著は 1932 年の刊行であるから，この主張は約 90 年前の
ものであるが，今なお学校の本質をよく表現していると考える。
　次に越智康詞の研究（1994）を検討しよう。越智は，校則が論議される
こと自体に大きな意義があるとしながらも，その議論が「幾分混乱してお
り，必ずしも互いにうまくかみ合っているとはいいがたい」と見る。その
ような認識に立ち，越智は「校則論争をひとまず『よい・悪い』の価値論
争から引き離し，それ自身の存在を経験科学的・社会学的に整理・検討」
しようとする。この整理は本章にとっても極めて有益なので，丁寧に紹介
する。
　ちなみに，1970 年代後半から 1980 年代半ばにかけて，校内暴力，対教
師暴力が教育問題の中で大きな位置を占め，管理教育，校則の強化が図ら
れるようになる。そして 1990 年代に入ると，「行き過ぎた管理教育」に対
する痛烈な批判が噴出し，校則についても批判が登場してくるのである。
越智の整理はその流れの中でなされたものである。
　越智は校則をめぐる言説を「校則批判の言説」，「校則批判を批判する言
説」，「校則を再定義する試み」に分類する。
　まず，最初の「校則批判の言説」についてである。これには下位分類が
あり，「a. 法の視点からの批判」と「b. 進歩主義的教育観の立場からの批
判」に分かれる。

　まず a. について，越智は「校則は規則の一種であり，法もそうである。しかし，この 2 つの規則の間には明白な差異がある。法のロジックから校則を観察することで，校則という規則の特異性が浮き彫りになった」と述べる。この観点からの考察を行ってきた代表者として，越智は坂本秀夫（1990）を挙げる。坂本は管理教育批判の代表的論者である。

　越智によれば，坂本は「校則は，心得として提示されるがゆえに，『権威ある者が一方的に示した規範』つまり，『批判は許されない』規範として成立している。そこには，生徒の人権を守るという思想はない」と断ずる。ウォーラーの言葉で言えば，批判を許せば学校の権威が脅かされることになるわけだ。

　つまり，越智によれば坂本が示す区別は「『人権，権利保障』という観点から合理的に構成された法・規則（プログラム）と『権威ある者が一方的に示した規範』としての校則・規則（権威主義的に示されたモラル）との区別，『教育愛と善意』などの意図や目的を重視する立場（目的プログラム）と，『絶対に踏み込んではならない生徒の聖域』を守るという原則主義的な立場（条件プログラム）との区別がそれである」ということになる。

　これは重要な指摘，整理である。つまり坂本によれば，校則は「規則と道徳（心得）を融合したもの」であるがゆえに，権力がその作用を無制限に拡大していく道具となるのだ」（太字は筆者による）ということになる。

　これと関連して北沢毅（1985）は教師と生徒の非対称性を強調する。北沢は「教師が〈生徒〉を殴る」と「生徒が〈教師〉を殴る」を個別に論述し，前者は「社会的に正当化されやすい」のに対し，後者は「正当化されることはまずありえない」と断ずる（もちろん，あくまでも北沢の執筆時の社会的文脈において「正当化されやすい」のであったにすぎず，現在では「正当化されない」であろう）。

　北沢によれば「教師が生徒を〈殴る〉場合，教師という役割に含まれている“教育的指導”という社会的に正当化されたカテゴリーが〈殴る〉ことを説明可能とする。それゆえ，教師はその行為をした動機をあとで問われることはない。社会的に正当化された行為のカテゴリーには類型的な動機（typical motives）が用意されているのであるが，そのような行為を正

当化するものとしての類型的な動機は，適合的な状況においては問われないのが普通だからである」というわけである。つまり「教師は，教師という役割にともなう類型的な動機にもとづいて自らの行為を編成しうる限り，いつでも生徒を心置きなく〈殴る〉ことができるのである」というわけだ。

しかし，逆の場合にはそうはいかない。「生徒が教師を〈殴る〉ことを正当化するカテゴリーは存在しないのであり，それゆえその行為は問題性を帯びてくる」ことになるわけだ。つまり「生徒が教師を〈殴る〉場合，その行為を正当化するカテゴリーが存在せず，行為者は役割によっては保護されず，むしろ役割からの逸脱として，彼の個人的動機・人間性が問われることになる」のである。

一般的な法律の場合には当該社会の構成員に等しく適用されるが，校則は教員には適用されず生徒にのみ適用されるものが少なからずある（もちろん，生徒には適用されず教員にのみ適用されるものもある）。それはこの校則に含まれる教育的意味に起因するのであり，校則は規則ではなく，坂本のいう「規則と道徳（心得）を融合したものである」という性格に起因するのである。

1980年代に教員が問題を起こした場合に盛んに使われたフレーズとして，「教育熱心のあまり×××（行き過ぎた行為という意味の言葉が入る）をしてしまった」がある。実のところ，「教育熱心のあまり」なのか，「ただ単に感情的になってしまった結果」なのかについては，はっきりしないケースが多いのだが，このフレーズによって「単なる暴力ではなく『教育的意図』に基づく『愛の鞭』であったが，多少行き過ぎた」と，その意図が愛や善意に基づくかのごとくカムフラージュされることになったのである。

さて，越智の論稿に戻ろう。法のロジックという観点から見て校則はどう判断されることになるのだろうか。越智によれば「まず第一に，法の立場から見て欠陥があるという事実はすぐさま校則を全面的に否定することを正当化するものではない」ということである。なぜなら越智によれば，「そもそも法的な視点は，人間を全体的な判断能力の持ち主であるとするなど，様々なフィクションの上に構築されている」からである。

また，越智は「第二に，法のロジックは，確かに人間の自由と権利を強

調するが，決して人間の自由を拘束するあらゆる権力や強制を否定するものではない。…（中略）…だが，法のロジックから校則を批判する言説は，特に，それがマスコミ等で取り上げられる場合には，人権を守るための権力や強制力の不可避性という論点は忘れられ，"子どもの権利を保護するために教師の権力を抑制すべきである"という論点だけが一人歩きするようになった」と指摘する。

それに対して b. 進歩主義的教育観の立場からの批判においては，「校則は子どもを型にはめ，個性を抑圧する反教育的なものである」ということになる。ただ，越智のユニークな見解によれば「この新しい教育観は，教育観の対立という形で直接校則論争に加わるよりも，人権の立場からの校則批判を支えるものとなり，むしろ見えない形でこの論争に加わることになった」ということである。越智のまとめでは「『個性教育』と『権利の保護』は，相互に視点の限界やイデオロギー性を隠ぺいすることで，それぞれが他の規範的視点を正当化するものとなっている。ここに『校則』の存立余地がないのは明らかである」ということになる。

このような言説に対する「校則批判を批判する言説」の代表者が諏訪哲二 (1990) である。諏訪は，越智によれば「『教師は生徒にとって本質的に暴力的な存在』であるという認識をその出発点に据えた。そうした視点から管理主義教育批判，校則批判なる一連の言説を観察することで，それが，教育の現実を前にしていかに欺瞞的であるか，また，それがいかに，逆機能的な帰結を生むかを列挙していった」のである。坂本の議論と諏訪の議論を，進歩主義 対 保守主義，理想主義 対 現実主義とまとめるのは，あまりにも雑かもしれないが，両極端の議論であることは間違いない。

ちなみに，越智は言及していないが，諏訪哲二は 1980 年代～1990 年代に教育界で脚光を浴びた「プロ教師の会」における，河上亮一と並ぶ中心メンバーであった。上記の諏訪の視点は「プロ教師の会」の視点でもある。つまり，こまごまとした校則がなくても，あるいはないほうが学校の運営はスムースであるという言説に対して，強い異議申し立てを行ったのである。

例えば，河上亮一 (1991)『プロ教師の道―豊かな「管理教育」をつくるために―』の序章では，「校則論―管理はなぜ必要なのか―」と銘打ち，

先述の諏訪とほぼ同内容の見解を展開している。

　　校則が問題化する背景には，生徒の人権が学校の中で最優先されなけ
ればならない，という主張が一般に広く認められるようになってきたと
いうことがあり，それは学校現場や社会で生徒（や親）たちが自分のわ
がままを引っ込めなくなってきたことと対応している。つまり，それま
で校則のことなどほとんど気にしてこなかった人々が，「人権」というフィ
ルターを通して校則（生徒手帳に載っている生徒心得）を読んでみた時に，
それまで何ら問題ではなかった校則が突然，「問題」として立ち現れた
のである。

　　　　　　　　　　　… （中略） …

　　マスコミから集中攻撃されている「細かすぎる校則」についても，そ
の報道はあまりにも一方的である。ある学校が今までの校則に次々に新
しい規定を加えていくということは，マスコミが考えるように，学校が
生徒に対して攻撃を仕掛けていることを意味しない。そうではなくて，
学校（教師）の側が生徒の変貌に追いまくられてしまい，細かな規則を
次々に追加しなければどうにもならない状況にまで立ち入ってしまった
のだと考えた方が正確だ。

以上の短い言明に河上の（そして「プロ教師の会」の）校則観が集約され
ていると考えられる。以上の見解を踏まえて，河上はさらに議論を展開する。

　　校則は，学校での生徒の生活の仕方について一定の枠をはめるもので
ある。だから，校則とは管理であり，それ以外の何ものでもない。しか
し逆に明文化された校則がないとすれば，管理は教師の好き勝手にやっ
ていいという理屈になる。そのことを，まず最初にはっきりと確認して
おこう。

　　　　　　　　　　　… （中略） …

　　ある目的の達成のために生徒に一定の力をつけさせるには，生徒の好
き勝手にさせているわけにはいかないのは当然である。そこで，学校と

いうところは一定の枠組みを持ち，生徒はその中で，例えば中学校三年間を送るようになっているのだ。

　このような学校の本質を管理という言葉で表すとすれば，学校は生徒を管理しなければ何も始まらないところだと言っていい。そしてこの枠組みを文章化したものが校則であると考えれば，校則をなくせというのは生徒管理することをやめろということであり，それは現在の学校を解体しろということに通じる。

…（中略）…

　校則は，十二歳の人間を「生徒」として生活させるためのしくみの一つである。制服に身を包み，頭髪を規制し（普通「中学生らしい」などと書いてあって，世の評論家諸氏は文句をつけるのだが），学校の中での振舞い方を決める，というのは，学校にいる間は子どもを「生徒」という枠の中に押し込めておくということであり，逆に言えば，学校という"場"は，子どもが「生徒」という枠の中にいることを前提としてのみ成立する，ということである。だから，校則のひとつひとつの条文を合理的に説明できないとしても，それらは全体として，十二歳の人間を「中学生」という枠に入れる役割を果たしている。

　例えば荻上チキ（2018）のように，必要な校則か不要な校則かについて合理性をもとに判断するという立場の論者にとっては，この主張は受け入れがたいものであろう。しかし，学校（そして人間の作り上げるあらゆる組織）は合理的な観点からの評価に耐えない校則（規則）を有してはいけないのかを確認する必要がある。この点には後ほど立ち返ることになる。

　越智の論稿に戻ろう。以上の越智の整理は，今なお極めて貴重である。この整理を受けて越智は次のように校則が定義されることが多くなったと述べる。

　校則は，個と集団を統一する「集団としてのきまり」であり，またきまりを守ることが教育的である。

…（中略）…

しかし，「みんなのためにもなり，自分のためにもなる」集団のきま
り，という枠に収めようとすると，現実の校則のほとんどは「あっては
ならないもの」となることは明らかである。

　そこで，越智は校則をいかに定義するかを探る。越智は「さしあたって」
と断りながら次のような定義を試みる。

　　校則とは，学校という領域において，教師が生徒に対してもつ規範的
　期待が，教師集団の合意のもとに成文化されたものである。（太字は筆
　者による）

　そして，越智は校則を二側面から分析する。「A. 規範的期待としての校
則」，「B. 教師集団の合意として制度化された期待としての校則」である。
この詳細については，説明を控えるが，重要なことは，越智が「成文化さ
れたもの」に校則を限定していることである。はたしてそうなのであろう
か。校則は単なる成文化された規則なのであろうか。この点の考察が本章
にとっては，本質的なポイントになる。

❸ 校則，規則，道徳と学校文化

　校則とは何か。明文化された規則なのであろうか。また「道徳」とはど
のような関係にあるのであろうか。
　ここで，筆者の出身校の話にまた戻ることになる。先述の通り，筆者は
カトリック校の出身である。かなり厳格な学校だったのだが，明文化され
た校則なるものを見た記憶がない。先日，同期の友人たちと意見交換する
機会を持ったが，友人たちも記憶にないと言っていた。筆者の出身校は，
内田良が彼の開設するTwitterで衛生面を問題視して厳しく批判している，
上半身裸になっての便所掃除を義務付けられている学校なのだが，この便
所掃除の義務は明文化されてはいない。あるいは，通学途上，電車の中で
座席に座ってはいけないという義務もあったが，明文化されたものはない。
中学校時代は丸刈りだったし，高校時代は長髪とはいえ，（耳や詰襟に髪が

かかってはいけないなど）さまざまな規制があった。しかし，これらはすべて口承であった。ただし，口承であるからといって，生ぬるく，破ってもいいということではなく，むしろその逆であった。一般論として，私立学校は義務教育課程でも，成績不良，素行不良の場合，退学を命ずることが可能である。現に筆者の在学時に年数名の退学者が各学年で発生していた。この事実が実に強烈な無言の圧力となって，日々の生活を圧迫していた。

　つまり，筆者にとっても，（越智とは異なり）先述の坂本秀夫の述べるように，校則とは単なる規則ではない。組織，集団の構成員に等しく適用されるものではない。生徒だけに適用されるものを含む非対称な明文化されたもの，明文化されないもの双方を含む特異な規則なのである。坂本の言う「権威主義的に示されたモラル」であり，これは文章の形で示される必要はない（もちろん，文章の形で示してもいい）。組織として有する規範，文化がその規則を守らせる強制力を有すればいいということなのである。したがって，校則を明文化されたものだけを対象にするという見解は，この観点からは不十分であるということになる。

　また，次のようにも言える。明文化されないものも含むということは，その校則を成り立たせる文脈を理解したうえで校則の意義を理解せねばならず，文脈から切り離してその校則の合理性を問うだけでも不十分である。河上亮一は先述のように，一つひとつの校則を合理的に説明できないこともあると述べている。河上の指摘したいことは，全体として，その学校の組織文化，文脈の中で校則を解釈しなおすべきなのではないのかということであると筆者は推察する。

　念のため，付け加えておくと，合理性を欠く校則を擁護するつもりは全くない。またやたらに厳しい校則を強制することがいいと言っているわけではない。そのことについては誤解のないように願いたい。

　内田良（2018）は交通を例えに校則を論じているので，筆者も交通を例えに述べてみよう。1991年9月に広島を台風19号が襲った。厳島神社の能舞台が破壊された。当時，筆者が勤務していた広島大学東千田町キャンパスのフェニックスの大木（高さ数メートルある）が根っこから引き抜かれていた。この時に大規模な停電が起き，帰宅する際に横断歩道を渡れな

い状況で困り切った。横断歩道を渡らないと目的地＝自宅に帰れないのだが，信号機が停電のため機能しておらず，猛スピードで車が疾走して無法状態になっているのであった。普段は自明視しているため意識はしていないが，信号機があること，またその信号機の表示に従って車が停止や運転をすることの重要性を改めて認識したのである。集団で生活を営む以上，無秩序ではなく，一定の規則が必ず必要である。そのことを再認識した。学校においても同様である。まずこのことを確認しておきたい。

　集団や組織が機能するためには，一定の規則は必要である。そしてその規則なるものは明文化されたものに限定されない。明文化されないものも含めて必要とされるのである。明文化されない限り規則ではないということであれば，膨大な「明文化された」規則が列挙されることになるだろう。現実には集団や組織においてはそのような事態には陥らない。明文化されたものはもちろん，明文化されないものも含めて，その成員にそれを守らせるのは，集団や組織の文化である。この点は後にさらに詳述する。

❹ 青春ドラマ（学園ドラマ）の系譜

　さて，この問題を詳説する前にもう一つのテーマを論じておきたい。それは青春ドラマ（学園ドラマ）の系譜についてである。

　先に述べた「プロ教師の会」の主要メンバーがかかわって 1990 年に刊行した『ザ・中学教師［ダメ教師殲滅作戦］編（別冊宝島108)』では，先述の河上亮一による「『金八先生』殲滅戦―『地獄に墜ちたバカども』の巻―」と題して，痛烈な「金八先生」批判が繰り広げられている。

　この批判についてふれる前に，「金八先生」とは何かについて述べなくてはならない。しかし，さらにその前に，日本における青春ドラマ（学園ドラマ）の系譜について論じる必要がある。

　青春ドラマ（学園ドラマ）のはしりは小学校レベルでは「みんななかよし」(1962 年～1987 年) と「明るいなかま」(1962 年～1986 年) があり，いずれも NHK 教育テレビによって制作された。中学校レベルでは，有名な「中学生日記」(1972 年～2012 年) があり，NHK 名古屋放送局によって制作された。いずれも，教科外活動時代の道徳の授業の中で生徒が視聴すること

も多かった。筆者は「明るいなかま」を授業の一環として視聴していた。中山千夏の歌う「なかま，なかま，な〜か〜ま〜」という主題歌がいまだに心に残っている。以上の NHK が制作した長寿作品群はこの後に続く一連の道徳教材的なドラマの範型になる。「絆」とか「協調性」がかなり強調されたドラマ構成になっていて，もちろん単なるフィクションではなく，かなりリアリティのあるドラマであった。

　それに対し，高校レベルでは石原慎太郎原作（1965）の小説「青春とはなんだ」が 1965 年から 1966 年に日本テレビでドラマ化され放映された。主演は夏木陽介で，森山高校の英語教師として赴任した夏木演じる野々村健介はラグビーを通して生徒と心を通わせる。この作品はこの後に続く一連の青春ドラマ（学園ドラマ）ものの範型になる。「青春とはなんだ」の平均視聴率は 23％であった。

　この両系譜の違いは顕著である。前者はいかにも学校的な，規範的なにおいが強いのに対して，後者はともすれば学校になじみ切れない，あるいは反抗的な高校生を「生徒目線」で「友達感覚」の教師が理解しようと努め，生徒も心を開いていくというストーリーが典型的なものとなっている。

　後者の系譜は竜雷太主演の「これが青春だ」（1966 年〜1967 年）に続き，一時いわゆる「スポ根もの」にお株をとられたのち，再びブームになり，森田健作・早瀬久美主演「おれは男だ！」（1971 年〜1972 年），村野武範・酒井和歌子主演「飛び出せ！青春」（1972 年〜1973 年），中村雅俊・島田陽子主演「われら青春」（1974 年），中村雅俊・由美かおる主演「ゆうひが丘の総理大臣」（1978 年〜1979 年）と続く。森田健作は後に「青春の巨匠」と呼ばれるほど，青春ドラマ（学園ドラマ）のシンボル的存在になる。これらは，いずれも日本テレビの制作によるものであり，数多くの「青春スター」を生み出した。日曜日の夜 8 時台の放送（野球中継があるときを除く）であり，NHK 大河ドラマの裏番組であったが，いずれも高視聴率を獲得した。このうち『ゆうひが丘の総理大臣』を除く，『青春とはなんだ』以下の 5 作品は，いわゆる「熱血教師もの」ともいえる。管理主義的な教頭，教頭にひたすらゴマをする同僚からにらまれつつも，ラグビーやサッカーといった競技の指導を通じて生徒目線の指導，学級運営を行い，友達感

覚，兄貴分感覚で生徒たちの心を開いていくというのがお決まりのパターンである。いわゆる「クサい」決めゼリフも頻出する。これらのドラマの象徴的なものは，太陽，海，友情，恋人である。

この流れはさらに後の山下真司主演『スクール☆ウォーズ』（TBS 系，1984 年～1985 年，1990 年～1991 年），反町隆史・松嶋菜々子主演『GTO』（フジテレビ系，1998 年～1999 年），仲間由紀恵主演『ごくせん』（日本テレビ系，2002 年，2005 年，2008 年，2020 年）へと続く。ことに『スクール☆ウォーズ』は「スポ根もの」の系譜をも引き継ぐ青春ドラマ（学園ドラマ）の典型的な作品である。

言い換えれば前者の系譜の番組のメッセージは学校・教師の学級運営目線での規範を中心としており，後者の系譜の番組のメッセージは生徒目線での生徒理解・学校理解を中心としている。

ただし，小中学校が前者，高校が後者と単純に分かれるわけではない。金八先生は中学校を舞台にしているが，後者の系譜の色彩が強い。もちろん，前者が小中学校に偏りがちな理由の一つは，教科外活動の時代から道徳教育が，関東の一部を除いてほぼ小中学校のみで展開されていたからである。また大学や大学院あるいはその他の高等教育機関を舞台にした青春ドラマ（学園ドラマ）も極めて少ない。『スクール☆ウォーズ』に典型的にみられるような「熱血教師もの」の舞台は高校が主になるのであろう。

さて，本題に戻る。武田鉄矢主演「3 年 B 組金八先生」は 1979 年から 2011 年まで TBS 系で放映された。この 32 年間ずっと放映され続けたわけではなく，8 回にわたるシリーズ放映のほかに，スペシャルものが断続的に放映された。金八先生　第 1 シリーズの最高視聴率は 39.9%，第 2 シリーズの最高視聴率は 34.8% と驚異的な記録を残している。

今振り返れば，このシリーズの視聴率が最も高かったのは，第 1，第 2 シリーズである。その理由は，冒頭にも述べたとおり，この第 1 シリーズの始まった時期は校内暴力，対教師暴力の嵐が吹き荒れていた時代だからである。金八先生のシリーズの中でも校内暴力や，ツッパリ生徒が頻繁にテーマとして登場してくる。

『3 年 B 組金八先生』は，さまざまな意味で，青春ドラマ（学園ドラマ）

を代表する作品である。そしてその生徒目線での学校理解の典型である『金八先生』を河上亮一は痛烈に批判するのである。

まず，河上は「『金八先生』がいまだに人気があるのは，ひととひととの懐かしいつながりがテーマだからである」と述べる。しかし，河上は続いて述べる。

だが，金八先生は現実のものとはなりえない。それは何も，彼の生徒尊重的な教育姿勢が校長やまわりの教師たちからつぶされるからではない。何よりもまず，当の生徒たちから拒絶されるからなのだ。

教師が生徒と仲よくなるためには，二重の障害をクリアーしなければならない。

ひとつは，どんなに生徒の側に立ちたいと願っても，教師は生徒たちの上に位置するものとして，生徒の内面においていつも拒否されていること。教師が生徒の主張や要求を受け入れることは本質的に困難なのである。

ふたつめは，どんな人間であれ，数十人の子どもたちの自我をまるごと抱え込むことなど，絶対に不可能なこと。ひとがひととしてつながりあえるということは，お互いをひととして認めあうことであるが，その「ひと」というのはかぎりなく貪欲なものなのである。

だから「金八先生」は不可避的に自滅するのである。

河上ら「プロ教師の会」は，批判の刃を前者（小中学校の道徳教材）にも後者（熱血教師もの）にも向けず，ひたすら金八先生にのみ向ける。その理由は，下記にある。

「金八先生」の最大の武器は"お説教"である。教師も人，生徒も人，同じ人間どうしなのだから，自分の善意が生徒にストレートに通じるはずだと考えるのである。「金八先生」の"お説教"は絶対的に正しく，それを生徒が受け入れさえすれば，立派な人間に変わっていく，というわけだ。

もちろん，現実にはこんな“お説教”を生徒が受け入れるはずがない。

　前者のタイプの青春ドラマ（学園ドラマ）は道徳教材として学校環境の
維持のための規範，規則の重要性を訴えるのに対し，後者のタイプはヒュー
マンな価値を強調するあまり，「性善説」に走り，規範，規則よりも「話
し合い」，「相互理解」を強調する。
　現実に公立中学校の状況を考えるとき，「性善説」だけではどうしよう
もない場面にたびたび出くわすのであり，その現場で苦しむ教員にとって
は「金八先生」の非現実性がきわだつのであろう。先述のように，後者の
青春ドラマ（学園ドラマ）の系譜のうち「金八先生」を除くものについて
は，例えば20代後半の男女が高校生役で登場するなど荒唐無稽なフィク
ション的要素を多分に含んでいる。そのため，批判の対象にはならなかっ
たのであろう。しかし，「金八先生」は少なくともその非現実性が薄めら
れた青春ドラマ（学園ドラマ）として登場してきた。そこに熱狂的な支持
の根拠もあり，痛烈な批判の根拠もある。
　つまり，「青春とはなんだ」以下の青春ドラマ（学園ドラマ）では現実離
れしていて，一目でフィクションとわかる設定になっているので，現実問
題と完全に切り離して視聴することができる。いわゆる熱血教師の発する
「クサい」セリフも微笑ましく聞こえる。だが，金八先生はなまじリアル
であるために，またリアルであろうとするために，「プロ教師の会」は問
題視するのである。
　実は，「金八先生」と対照的な中学校を描いた小説がある。森村誠一の
中編小説『凶学の巣』（1981）である。森村誠一は『人間の証明』（1976），
『青春の証明』（1977），『野生の証明』（1977）のいわゆる「証明三部作」で
一躍スターダムに登りつめた昭和後期を代表する推理小説作家である。当
時，西村寿行，半村良とともに「三村」と称された人気作家であった。
　この『凶学の巣』は，校内暴力真っ盛りの時代の東京下町の荒れた公立
中学校を舞台にしている。この小説は，小野寺昭・浅茅陽子主演で1982
年，1984年，1987年に単発ものとしてドラマ化され，テレビ朝日系列で
放映された。もちろん，小説でありフィクションではあるのだが，興味深

いのはこの小説中に出てくる教師の類型論である。

> 大別すれば，教育に社会的使命をもって取り組んでいる教師と，教師
> という職業をサラリーマンの一種として割り切っているタイプである。
> 　前者は学級経営に熱中するタイプとクラブ活動の中に生徒と一体となっ
> ていくタイプ，および教科中心型の三型がある。
> 　またサラリーマン型は，校長志向型，教委志向型，PTA志向型がある。

ということであり，このそれぞれの類型の紹介が面白い。森村は，大きな
2種別をそれぞれ使命感型，サラリーマン型と命名する。この2種それぞ
れに下位分類として3つのカテゴリーがある。サラリーマン型の方の下位
分類については特に説明がないのだが，おもねる対象のことを述べている
のだと推察する。

(1) 使命感型

(1-a) 学級経営型　　自分のクラスの生徒だけに熱心であり，全校的問題
　　　　意識が薄い。

(1-b) クラブ活動中心型　　生徒との密着度において担任よりも強いが，
　　　　往々にしてテレビの学園ドラマそのままのようなタイプが多く，
　　　　客観的冷静な指導力に欠ける。このタイプは独身教師に多く，
　　　　結婚によって醒めやすい。

(1--c) 教科中心型　　自己の専門教科に関しては熱心に研究を堆む（ママ）が，
　　　　教育の使命である「人間」が忘れられやすい。つまりスペシャ
　　　　リストとしての技＝専門教科が生徒よりも優先されてしまうの
　　　　である。

(2) サラリーマン型

(2-a) 校長志向型

(2-b) 教委志向型

(2-b) PTA志向型

先に述べたいわゆる青春ドラマ（学園ドラマ）の主人公は，特定の学級を担任していることが多く（1-a）に属する面もあるが，ラグビー部やサッカー部などクラブ活動の指導をしているケースが多いので（1-b）にも属するといえる。もともとの設定が不自然なため，担任している学級の男子生徒のほとんどがラグビー部ないしはサッカー部に所属しているように見え，しかも他のクラス，他の学年の生徒がほとんど所属していないように見える。いずれにせよ，全校的意識が薄いとは必ずしもいえない。それに対して金八先生は（1-a）ではあっても（1-b）ではないといえるだろう。

　ちなみに，先に述べた「みんななかよし」以下の青春ドラマ（学園ドラマ）の系譜には（1-a）が多く，「青春とはなんだ」以下の系譜には（1-a）と（1-b）が混在するタイプが多い。金八先生は中学校が舞台という面では前者の系譜に属し，熱血教師という面では後者の系譜に属する。

　つまり，「青春とはなんだ」の系譜のドラマの核になるものは，荒唐無稽ともいえる非現実的教師と生徒の心の交流の描写であり，ワンパターンのコミカルなストーリー展開である。受験競争の激化するなか，管理教育全盛時の学校で学ぶ生徒たちにとっては，非現実的であるからこそ，この種のドラマは一服の清涼剤たり得たのであろう。

　それに対し，「金八先生」は校内暴力，体罰，妊娠等のリアルタイムで深刻化している課題を正面に据え，それに対する教師のヒューマンな対応のあり方を金八が模索するというフィクション性の薄いドラマであり，それだけに，河上が指摘するように金八先生にあこがれて教師になろうとするとか，現職の教師が金八先生になろうとするとか，「弊害」を現場にもたらしたということになるのである。

　また，越智も指摘していることではあるが，「教師は校則（それが制定された規範であること）を盾にして生徒の指導に当たるので，いわゆる『心の通った指導』ができにくくなる」のであり，「校則は，学校全体の合意であるから，その校則が教師個人にとって，何ら意義の認められないものであっても，これを貫徹しなければならない」のであり，「意見の相違を調整する交渉あるいは『話し合い』の余地がない。その結果，例えば教師＝生徒の人間関係を疎遠なものにしてしまうことにもなる」。そこにあら

われる金八先生のような「リアルな熱血教師」は生徒にとっては生徒目線
の理想的な教師であろうが，教師集団にとっては背信行為を行う者という
ことになるのである。

❺ 小　　括

　荻上（2018）は「校則は，安全な教育空間を守るためにあるものだろう」
と述べる。そしてその観点から，理不尽な校則，合理性を欠く規則の撤廃
を求める。ただし，荻上は校則全般の撤廃を求めるのではない。あくまで
も生徒が安全で快適に学べる環境を保証するための合理的な校則は必要で
あるという立場である。もちろん，なにをもって「合理的」とするかにつ
いては議論があり得るが，荻上の議論は現実的な議論である。

　しかし，越智によれば「校則とは，そもそも自分自身を充分に合理化す
ることができない存在である」のであって，「校則は法になることも道徳
になることもできない」のである。すなわち坂本秀夫の言うように，校則
は「規則と道徳（心得）を融合したもの」であるがゆえに，法になりきる
ことも，道徳になりきることもできないのである。

　法であれば，明文化され文脈に依存せず，構成員に等しく適用される。
道徳であれば，明文化されず文脈に依存する。校則はその両方の要素をも
持ち合わせ，かついずれでもないのだ。

　校則問題を考えるとき，明文化されるかどうかはもちろん，重要な問題
である。しかし，明文化されない場合には教師の裁量が大きくなり，同じ
事案に対して厳格に校則を適用されるケースと「お目こぼし」にあずかる
ケースと，両方があり得る。教師の裁量次第ということになる。

　言い換えるならば，明文化されない校則とは，「慣習」や「暗黙の了解」
となるのであり，「学校的なるもの＝学校文化」の中に埋め込まれた不文
律ということになる。しかし，これらを無視ないし軽視することが全面的
に正しいのであろうか。

　例えば各種の社会的なマナーについては，少なからぬ部分が明文化され
ない不文律である。これを明文化されないから守らないということになれ
ば，学校からすれば違反ではないが，協調性を欠くということになるだろ

う。

　近年飲食店で店側と客側とのトラブルが頻発している。これもマナーに関するものである。例えば，寿司であればシャリを残してネタだけ食べるとか，天婦羅であれば衣をはがして中身を食べるとか，チャーシュー麺であれば焼豚の脂身だけを残すなどである。いずれも法律・規則には反していない。しかし，店側からすればマナー違反になるということである。もちろん，客には客の言い分があるだろう。校則をめぐる議論にもこのような要素が含まれている。

　これまで述べてきたことを É. デュルケム（2010）があげた道徳性の三要素の「規律の精神」，「社会集団への愛着」，「意志の自律性」の観点から言い直せば，「規律の精神」はともかくとして，校則は「社会集団への愛着」を育むどころか，損なうケースもあるのであり，「意志の自律性」を必要としない，あるいは許容しないケースも多々見受けられる。すなわち校則は道徳的であるとは言い切れないことになる。

　冒頭で述べた「学校的なるもの」を体現するのが，明文化されたもの，明文化されないもの双方を含む校則である。

　明文化されたものは規則として，明文化されないものは道徳として生徒にのしかかる。いずれも校則である。いずれも「学校的なるもの」を体現する。前者においては，明文化の程度があいまいであるほど教師の裁量が大きくなる。後者においては，教師の裁量がかなり大きくなる。しかし，それが道徳的であるとは言い切れないということはどういう意味であるのか。この意味については次章で考察を深めたい。

引用・参考文献

・石飛和彦（1995）「校則問題のエスノメソドロジー―『パーマ退学事件』を事例として―」日本教育社会学会編『教育社会学研究』第57集，東洋館出版社，pp. 145-161

・ウォーラー，W.（石山脩平・橋爪貞雄訳）（1957）『学校集団―その構造と指導の生態―』明治図書

・内田良（2015）『教育という病―子どもと先生を苦しめる「教育リスク」―』光文社

- 内田良（2018）「子どもの安全と健康が脅かされる―校則が持つ二面性から考える―」荻上チキ・内田良編『ブラック校則―理不尽な苦しみの現実―』東洋館出版社，pp. 63-77
- 内田良（2019）『学校ハラスメント―暴力・セクハラ・部活動―なぜ教育は「行き過ぎる」か―』朝日新聞出版
- 荻上チキ・内田良編（2018）『ブラック校則―理不尽な苦しみの現実―』東洋館出版社
- 越智康詞（1994）「校則の社会学的研究」『信州大学教育学部紀要』No.83，pp. 47-58
- 河上亮一他（1987）『ザ・中学教師（別冊宝島 70）』JICC 出版局
- 河上亮一他（1988）『ザ・中学教師［プロ教師へのステップ］編（別冊宝島 78）』JICC 出版局
- 河上亮一他（1989）『ザ・中学教師［親を粉砕するやり方］編（別冊宝島 95）』JICC 出版局
- 河上亮一他（1990）『ザ・中学教師［ダメ教師殲滅作戦］編（別冊宝島 108）』JICC 出版局
- 河上亮一他（1991）『ザ・中学教師―子どもが変だ！―（別冊宝島 129)』JICC 出版局
- 河上亮一（1991）『プロ教師の道―豊かな「管理教育」をつくるために―』JICC 出版局
- 河上亮一（1994）『プロ教師の覚悟―瀕死の学校を再生するために―』JICC 出版局
- 河上亮一（1996）『プロ教師の生き方―学校バッシングに負けない極意と指針―』洋泉社
- 北沢毅（1985）「『問題』行動の社会的構成―相互行為論の視点から―」日本教育社会学会編『教育社会学研究』第 40 集，東洋館出版社，pp. 138-149
- 坂本秀夫（1986）『「校則」の研究―誰のための生徒心得か―』三一書房
- 坂本秀夫（1990）『校則の話―生徒のための権利読本―』三一新書
- 坂本秀夫（1992）『こんな校則 あんな拘束』朝日新聞社
- デュルケム，E.（麻生誠・山村健共訳）（2010）『道徳教育論』講談社（講談社学術文庫）

第1章
第2章
第3章
第4章
第5章
第6章
第7章
附録

- 諏訪哲二（1990）『反動的！―学校，この民主主義パラダイス―』JICC 出版局
- 森村誠一（1981）『凶学の巣』新潮社

参考映像資料

- NHK かんさい熱視線『広がる"ブラック校則"追いつめられる子どもたち』（2019 年 11 月 1 日）

課題

❶ 校則とはなんのために存在するのか，説明してください。

❷ ある校則が「ブラック校則」であるのかないのかは，どのような基準をもとに判断できるのか，説明してください。

❸ 青春ドラマ，青春小説等で描かれている学校と現実の学校とのずれについて説明してください。

ディスカッション

校則と道徳はどういう関係にあるのでしょうか。考えてみよう。

〈MEMO〉

第❸章

「道徳教育の研究」の研究（Ⅲ）
―道徳教育といじめ問題―

> キーワード　いじめ問題，四層構造モデル，いじめの社会問題化

☞ 要旨

　小学校では 2018 年度以降，中学校では 2019 年度以降「特別の教科」として実施されている道徳教育はもともと社会規範の教科をめぐって導入された。その根源にはいじめ問題の深刻化があり，いじめ問題が「パーソナルな問題」ではなく，「構造的な問題」，「社会問題」としてあるという認識がある。つまり，学級内の規範意識を強化することによっていじめ問題に対処しようということである。しかし，現今みられるような校則の強化，厳格化でいじめ問題に対応しうるのか，あるいは「道徳の教科化」によって十分な対応であるのかということについては，さまざまな議論がある。ここでは，いじめが社会問題化する前に起きたいくつかのいじめをめぐる事件を分析し，校則や道徳の教科化での対応で十分といえるのかどうかを森田洋司の著名な「四層構造モデル」を引用して検討する。最後に第 1 章で提示した疑問，つまり麻生誠がなぜデュルケム『道徳教育論』を訳したのかを検討する。

❶ 本章の目的

　すでに述べたとおり，2018 年度から小学校で，2019 年度から中学校で，「特別の教科　道徳」の授業が行われている。このように道徳が教科化されたねらいの一つは，「道徳の質的転換によるいじめの防止」である。
　国立国会図書館の「Cinii Books」でいじめをタイトル（副題を含む）に

つけている書籍・雑誌の数を検討すると，1970 年代以前はほぼ皆無（ある
としても古典的な「継子いじめ」,「嫁いびり」についてのものなどであり，学
校でのいじめを扱ったものではない）である。ところが 1980 年代前半には
33 件，1980 年代後半には 181 件，1990 年代前半には 74 件，1990 年代後
半には 448 件，2000 年代前半には 143 件，2000 年代後半には 235 件，
2010 年代前半には 239 件，2010 年代後半には 185 件と件数が多くなって
いる。また 2020 年の 1 年間だけで 54 件がヒットした。

　他方,「Cinii Articles」でいじめをタイトル（副題を含む）につけている
学術論文の数を検討すると，やはり，1970 年代以前は 21 件にすぎないが，
1980 年代前半には 76 件，1980 年代後半には 502 件，1990 年代前半には
213 件，1990 年代後半には 1,560 件，2000 年代前半には 825 件，2000 年代
後半には 1,508 件，2010 年代前半には 2,013 件，2010 年代後半には 1,716 件
と件数が多くなっている。また 2020 年の 1 年間だけで 284 件に達している。

　いじめ問題はもはや，ジャーナリスト・評論家にとっても，教育研究者
にとっても重要な問題である。いじめ問題の歴史を振り返るとき，多くの
論者は「いわゆる『鹿川君事件』（1986 年）以降いじめ問題は社会問題化
した」と述べている。もちろん，その指摘は間違ってはいない。ただ，そ
れ以前はどうだったのか，いじめはなかったのか，あったとすればなぜ社
会問題化していなかったのかを検討する必要がある。

❷ 東京農業大学ワンダーフォーゲル部事件
―いじめ問題前史その 1：学校の対応をめぐる問題―

　現在では「いじめ」といえば，「ネットいじめ」を含めて考え，バーチャ
ルな世界でのコミュニティ内でのいじめをイメージする方も多いであろう。
だが，それは 21 世紀に入ってからのことである。実は「いじめ」という
概念ではなかったが，「しごき」という類似の概念はすでに存在していた。
世間的には,「いじめ」問題としては受け止められていないが，東京農業
大学ワンダーフォーゲル部のしごき事件（以下,「東京農大ワンゲル部事件」
と略す）は死者 1 名，監督・主将・副将等の逮捕者を出した事件として有
名である。教育の場での部活動（同好会やサークルを含む）において猛烈な

「しごき」が存在することを世間に知らしめた最初の事件である。1965年の事件であるから，もはや半世紀を超える時間がたち，リアルタイムで見聞したという方も少ないであろう。

　東京農業大学は旧制の時代からの由緒ある私立大学である（国立大学である東京農工大学とは別の大学である）。東京農業大学といえば，応援団の「大根踊り」が有名である。正確には「青山ほとり」という応援歌を応援団が両手に大根をもって踊りながら歌唱するところから，「大根踊り」と呼ばれているのである。

　ちなみに，応援団も，漫画家どおくまんのヒット作『嗚呼!!花の応援団』（1975年〜）に見るように，常時学ランを着用している硬派のイメージが強いし，暴力と喧嘩，しごきに明け暮れるかのような誤解を受ける傾向は強い。確かに，一部にそういう傾向はあるものの，全体としてみれば，それは偏ったイメージである。それに加えて近年では女性の部員も増え，女性の応援団長も登場するなど，応援団のイメージも随分と変わっている。

　さて，東京農大ワンゲル部事件は以下のような経緯をたどる。1965年5月15日から5月18日に東京農業大学ワンダーフォーゲル部は山梨県の笠取山，雲取山，鷹の巣山，六石山で合宿を行う。監督（ワンゲル部のOB）を含めて48名（うち入学したての登山未経験の新入生が28名）の参加者がいた。5月21日に1名の参加者＝新入生が死亡する。またそれとは別に重症者＝新入生が複数名いることも明らかになる。1965年5月22日付朝日新聞には「暴力団なみの“シゴキ”」（原文では「シゴキ」とカタカナ表記になっている）との見出しで大々的に報道され，同月25日には主将ら2名，29日には副将ら5名，6月4日には監督が逮捕されるという大事件に至った。被害者の遺体は司法解剖にまわされ，その結果，信じがたいほどの損傷があることがわかる。さらに，参加者からの事情聴取によって，集団で，登山靴で蹴りをいれたり，棍棒で殴りつけたりしていたということが判明するのである。被害者以外の新入生たちも，みな程度の差はあれ，同様のことをされていたこともわかった。さらに，この登頂中に新入生に対して先述の「大根踊り」が強要されていたことがわかっている。裁判の結果，加害者は1名が保護観察処分となった以外は執行猶予付きの有罪判決であっ

た。もちろん大学からは退学や無期停学の処分が下されている。

　この結果，「ワンダーフォーゲル」，「しごき」という一般世間に馴染みのない言葉が，きわめて不名誉な形で瞬く間に人々の知るところとなったのである。この事件時には「リンチ（私刑）」という表現も用いられたが，主として「しごき」という言葉で表現された。

　東京農大ワンゲル部事件については，明言はされていないが，おそらくはそれを参照したであろう小説が存在する。『問題小説』（徳間書店）1970年9月号に掲載された森村誠一「復讐株式会社」である。後に『挫折のエリート』（青樹社，1970年），『森村誠一短編推理選集』第3巻（講談社，1978年）への収録に当たり「復讐社員」と改題している。東京B大のワンダーフォーゲル部を舞台にした，しごきによる傷害致死事件を発端とする小説である。東京B大についてはプロフィールが描かれてはいないが，東京農大をベースにしていると推察できる。

　森村の述べるところでは，下記のとおりである。

　　ドイツ語で「渡り鳥」の意味をもつワンダーフォーゲルは，ドイツではじめられたもので，青年期男女がグループをつくり，山野を徒渉して健康で団結心を固めていこうという運動である。だから登山団体のように対象が山岳だけに限られることもなく，文字通り渡り鳥のように気軽にどこへでも出かけていく。

　つまり，イメージとしていうと，山岳部というと，ロック・クライミングなども含めて山頂を目指す，まさに「山登り」をイメージする。山岳部の特徴は男子学生が圧倒的に多いことであり，筆者の学生時代（筆者自身は山岳部ともワンダーフォーゲル部とも無縁であった）には，学期間中に登山をするなど無理なことをするため留年生が続出するという負の特徴もあった。それに対してワンダーフォーゲル部は女子学生も多く，自然を楽しみ心身を鍛えることに主眼が置かれているイメージがあるのだ。また，山登りではなく「ハイキング」を楽しむというイメージが強い。男子学生と女子学生が出会いを求めて，「合ハイ（合同ハイキングの略）」をするのが流行っ

ていたのがこのころである。

　しかし，山岳部，ワンダーフォーゲル部のいずれもかなりの経費を必要
とするため，部員は少なく，部員集めに苦労していた記憶がある。そのた
め山岳部とワンダーフォーゲル部は部員や予算の獲得を巡り，ライバル関
係になりやすいのである。

　ただし，東京農大ワンゲル部事件以降，ワンダーフォーゲル部も軽やか
に自然と親しむというイメージに反して山岳部以上に過酷な部であるとい
うイメージがこびりついてしまったかの感がある。他方，山岳部の方でも，
1960 年代半ばに法政大学山岳部や日本大学山岳部，福岡大学山岳部によ
る「しごき」が事件化している。

　東京農大ワンゲル部事件は，これまで学内の問題として対処される傾向
の強かった問題に司直の手が入った事件であり，「しごき」が社会問題化
した最初の事件である。また，この事件は体育会系クラブ・サークル・同
好会の「訓練」のあり方に大きな疑義を呈するきっかけとなった。ワンダー
フォーゲル部や山岳部以外でも，1970 年代には拓殖大学空手同好会のし
ごき，拓殖大学応援団のしごきでそれぞれ学生が 1 名死亡しており，「死
の"シゴキ"事件」として議論を呼んだ。

　なお，もちろんサークルや同好会としてもワンダーフォーゲルは存在す
る。例えば，女性として 7 番目（日本人女性としては田部井淳子に次いで 2 番
目）という七大陸最高峰登頂の実績を持つ，高名な登山家の難波康子は早
稲田大学のワンダーフォーゲル同好会の出身である。

　礫川（1995）によれば，「シゴキ」という言葉はもともと，山岳部やワ
ンダーフォーゲル部を含めて運動部で「厳しく鍛錬する」という意味でつ
かわれていた。1960 年代半ばのこの時期は「ド根性」とか「モーレツ」
とかいった流行語に見るように，現在では誰もが「体罰」と認定するよう
な行為が当たり前のように横行していた。1964 年の東京オリンピックで
金メダルを獲得した女子バレーボールチームの大松博文監督は猛烈なハー
ドトレーニングで名を馳せた。「巨人の星」や「サインはV」を代表とす
るアニメやドラマの「スポ根もの」もその流れを代表するものである。

　「しごき」ももともとはネガティブな意味に限定されてはおらず，例え

ば東京農大ワンゲル部事件後だが, 吉本興業による「モーレツ!!しごき教室 (司会：西川きよし, 横山やすし)」(1973 年〜1984 年) などというお笑い系の人気 TV 番組もあった。「しごき」にネガティブな意味しかないのであれば, TV 番組のタイトルにはつけないであろうし, 人気番組になることもなかったであろう。

だが, 東京農大ワンゲル部事件を受けて「しごき」は極めてネガティブな意味合いでつかわれることが多くなる。柿沼・永野編 (2002) によれば,「しごき」とは「部員を極限まで追い込む暴力的・非人間的な訓練」ということになる。

ちなみに「しごき」とは関係ないのだが, 1970 年 7 月に福岡大学ワンダーフォーゲル同好会の 5 人の学生が北海道日高山脈でヒグマと邂逅し, 3 名の学生が落命するという痛ましい事故があった。東京農大ワンゲル部事件とこの事件により,「ワンゲルは怖い」という極めてネガティブなイメージがついたのは間違いない。筆者が大学に入った時にも先輩などから「山岳部とワンゲル部は金がかかるし, 危険だから, 間違っても入部するなよ」と釘を刺された覚えがある。まだ東京農大ワンゲル部事件の記憶が生々しかったのだろう。

ところで柿沼・永野編 (2002) によれば,「大学側の対応は何ともお粗末なものであった」ということである (原文では漢数字が用いられているが, 筆者がアラビア数字に変更した)。

　特に失笑を買ったのは, 学内で組織された「奥秩父事故対策本部」が真相を究明したうえで, 5 月 28 日, 練馬署宛に提出した「報告書」であった。この報告書は, 2 年生以上の (!) 部員が提出した作文をもとに作成され, そこには,「下級生をなぐったのは, 眠いので刺激を与えてくれと頼まれたからだ」,「X 君 (筆者注：被害者の実名が記載されているが X とした) も上級生に, つかれたから気合を入れてくれと頼んでいた」と言った証言が引用されていたという。

大学当局のこうした対応を見ると, 場合によっては, この事件が闇に葬られた可能性もあったという気がする。やはりこの事件は, 練馬署に

よる積極的な捜査があったからこそ，真相の解明がなされたし，大きな社会問題にもなりえたといってよい。

　いじめ問題（この場合は「しごき」）が起きた場合，もちろんいじめ自体も問題だが，その問題をめぐる学校（この場合は大学）側の対応も大きな問題になる。学校は善悪の判断なども教えるはずの場であるからだ。もちろん学校は警察ではなく捜査機関ではないから，強制捜査権を持ち合わせず，証拠の収集，証言の裏付けとり等も困難を極めるであろう。また，生徒や保護者，教員の証言を疑ってかかることも立場上難しく，限界があることも明らかである。

　しかし，筆者の知る限りであるが，学校の対応は「何ともお粗末なもの」が多いというのは事実であろう。一般世間から見れば，「なぜそのような対応になるのか」と理解に苦しむようなものになるケースが多いであろう。これが学校不信を招くことにもつながるのだ。おそらくは東京農大ワンゲル部事件以前にも類した事件は少なからずあったであろうが，司直の手が入らなかったことで表に出てこなかったにすぎないのではないか，うやむやにされてきたのではないかと，世間には受け止められたのである。

　繰り返すが，大学や学校は捜査機関ではないから「徹底した事実解明」に向けてはさまざまな壁があるのはもちろんである。しかし，同時に，大学や学校は治外法権の認められる場ではないから，大学内，学校内で問題を解決しなければならないということではない。暴力や恐喝を伴う案件の場合には司直の手を借りることが必要な場合も多々あるであろう。司直の手を借りるべきところを，大学・学校のイメージ低下を怖れ，借りずに済ませようとした結果，うやむやにされてしまった「暗数」が相当にあるのではないかと一般世間からは受け止められることになり，結果としては大学・学校の自浄能力が疑問視されることにつながるのだ。

　この意味で，東京農大ワンゲル部事件は，いじめ事件前史として取り上げるに値する事例なのである。

❸▶ 大阪産業大学高等学校事件
―いじめ問題前史その２：飼育型の萌芽―

　さて，1980 年代になるとこういった大学の運動部の部活動（サークル・同好会を含む）に見られる「しごき」とは別に，高校以下で，いわゆる社会問題としての「いじめ」がみられるようになる。その嚆矢が大阪産業大学高等学校事件（以下，「大産大高事件」と略す）である。これは，執拗ないじめに対する報復殺人事件である。

　大阪産業大学高等学校は，現在では大阪産業大学附属中学校・高等学校と改称しているが，1984 年に凄惨な事件の舞台となった。1992 年から共学化したが，事件当時は男子校であった。柿沼・永野編（2002）によれば，事件の概要は下記のとおりである（原文では漢数字が用いられているが，筆者がアラビア数字に変更した）。

　　1984 年 11 月 2 日，大阪・天満橋の河川で，頭を七十数回殴られ，眼をつぶされた男子高校生の死体が発見された。殺されたのは，大阪産業大高校一年生の K 君（16 歳）。その後の調べで，K 君を殺したのは同級生の A（15 歳），B（15 歳）の二人であることが判明，天満署捜査本部は，同月 11 日，二人を殺人容疑で逮捕した。捜査本部の発表によれば，二人は K 君からひどいイジメを受けており，それに耐えきれなくなったので，二人で相談の上で，同月 1 日に K 君を呼び出し，カナヅチで殴り殺したのだという。

　先述の東京農大ワンゲル部事件は傷害致死事件として扱われたが，こちらは殺人事件である。

　南英男『友だちが怖い―ドキュメント・ノベル「いじめ」―』（集英社，1985 年）では大阪 S 大学附属高校でおきた「同級生殺しの裏側」として，一部創作も混じえながらドキュメンタリー風に描かれている。

　ちなみにこの南による単行本には 10 のケースが収録されており，いずれも実話をもとにしたものとのことだが，信じがたいような凄惨ないじめ

が描かれている。例えば「級友に妬まれて」では，次のような実例が紹介されている。千葉県木更津市で 1982 年 12 月に中学 2 年生の女子生徒（生徒会副会長）が，中学 3 年生の生徒会会長を務める男子生徒と交際を始める。その男子生徒は全校の女子生徒の憧れの的である。そのため，女子生徒はある同級生の激しい妬みを買い，呼び出されて凄惨な暴行を受ける。すなわち，女子生徒は，同級生とその仲間 12 名（男子生徒を含む）から集団で押さえつけられて殴打され，全裸にされたうえ，恥毛をカミソリで剃られ，そのあとさらにカーペットで簀巻にされ再び暴行を受ける。中学生とは思えぬ暴行を 3 時間にわたり受けるのである。女子生徒の父親が教育委員会に通報したことを受けて事態は表面化し，加害者たちは女子生徒に謝罪するが，女子生徒は許さず警察に通報する。その結果，加害者たちは，傷害の疑いで逮捕され，リーダー格は少年鑑別所に，その他は家庭裁判所に書類送検されることとなったのである。

　大産大高事件に限らず，おそらくずっと前から，もちろん「鹿川君事件」以前から，もうすでに，凄惨ないじめ事件はかなり発生していたのであろう。おそらくはたまたま表面化してこなかっただけなのであろう。その理由は柿沼・永野（2002）が指摘するように，「クラス内で多数が少数を疎外するイジメではなく，小さなグループ内の力関係によって生じる『グループ内イジメ』である」からである。同じグループに属していて，そのグループの中でいじめが常態化していたため，外からは見えにくかったというわけである。しかし，世間をにぎわせたあげく，司直の手が入り，傷害，暴行事件として書類送検されることで，さまざまなことが明るみに出てきたにすぎないのである。

　現在，いじめ問題を語る場合に，「排除」型と「飼育」型という類型論がよく用いられる。集団の中から特定の子どもを何らかの理由に基づき排除することによっていじめる排除型に対して，グループの中に囲い込んでいじめる飼育型があるというわけである。原・山内（2013）ではいじめ問題は当初排除型が多かったが，後に新たな類型として飼育型が加わると指摘されている。もちろん，総論としては正しい。飼育型というのは学校で形成されるリアルな集団での「飼育」に加えて，バーチャルな世界で形成

されるSNSグループでの「飼育」の両面の意味を持つ。ただ，「鹿川君事件」以前に，インターネットが登場する以前に，すでに飼育型の萌芽は見られるということには留意すべきであろう。

大産大高事件においても，加害者が判明した後，何があったのかははっきりしていなかったし公表されなかった。しかし，「頭を七十数回殴られ，眼をつぶされた」というのは相当な怨恨に基づく報復であろうと類推される。柿沼・永野編（2002）によると，人間としての自尊心を打ち砕くような行為を強いられていたことが判明する。被害者は授業時間中に「性具を用いた自慰行為」を強いられていたというのである。

ただ，この時の学校側の対応は，先の東京農大ワンゲル部事件の時と同様に，あいまいな，世間からは理解されにくいものであった。加害者2名は，担任を含む数名の教師に被害を訴えたが，対応してもらえなかったという。しかし，他方，学校側は，加害者からの相談はなかったとする。また学校も担任もいじめはなかったと証言している。もちろん，防犯カメラやボイスレコーダー等が普及する前の出来事であるし，物的証拠はない。当時の学校，特に教室は部外者が入り込みにくい密室構造になっていたため，物的証拠はない。先述のように，学校は捜査機関ではないから調べ得ることには限界があるのはもちろんである。しかし，世間が納得のいく説明であるというには程遠いのは間違いないであろう。しかし，なかなか証明しにくくなっているという，そのような状態にあること自体が，いじめをエスカレートさせることにつながるのである。

❹ 社会問題化する前の「いじめ」の概念

それでは社会問題化する以前の「いじめ」の概念はいかなるものであったのか。冒頭で述べたように1970年代以前は「いじめ」について述べた学術書や学術論文は僅少であり，その多くが「継子いじめ」あるいは「嫁いじめ＝嫁いびり」をテーマにしている。つまり家庭内の問題であり，学校の問題ではないのである。果たして「いじめ」はどのように捉えられていたのか。

この問題を考えるにあたり，文豪，三島由紀夫の『不道徳教育講座』が

参考になる。この『不道徳教育講座』は集英社の『週刊明星』に連載され，映画化もされた。1959年に前半が単行本化され，1960年に後半が続編として単行本化された。題名の通り，機知と逆説にあふれた評論である。このような評論を「『道徳教育の研究』の研究」と銘打つ本章で取り上げることを奇異に思われる方もおられるであろう。たしかに，各章のタイトルの中には，「教師を内心バカにすべし」，「友人を裏切るべし」，「痴漢を歓迎すべし」，「死後に悪口を言うべし」，「人のふり見てわがふり直すな」，「恋人を交換すべし」など，一見，反社会的，反倫理的なタイトルが並ぶが，筆者が同書を初読した1980年の時点では，それほど突飛なことが書いてあるようには思えなかった。これに限らず，三島由紀夫の思想全体についても，三島の存命時は「極右」などと評されていたようだが，少なくとも今日の感覚でいえば，常識の範囲を大きく逸脱するような過激な意見には見受けられない。いずれにせよ，道徳的な規範を高唱するよりも不道徳な匂いのする諧謔を愛する人は昔も今も変わらずいるのだろう。

　さて，この『不道徳教育講座』に「弱い者をいじめるべし」なる章が含まれている。タイトルだけを見ると，家庭内や学校内で，立場の弱いものをいじめることを奨励する，あるまじき評論のように受け取られかねない。ところがそうではない。集団や組織内で立場の弱いものをいじめるという話ではなく，三島が言う「弱い者」とは「弱さをすっかり表に出して，弱さを売りものにしている人間」のことである。

　その代表的な例として，三島は太宰治を挙げる。たしかに，自衛隊への体験入隊やボディビル，剣道，空手などで心身を鍛錬し続けた三島からすれば，「生まれてすみません」と言って弱さを表にさらけ出している太宰は，許し難い存在であったろう。徳大寺公英との対談で「すごい才能」と評価しつつも，終生，太宰の生き方への批判はやむことがなかった。

　三島は「弱さを売り物にしているわけではなく，やむをえず弱さに生きなければならぬ不幸な気の毒な人たち」，例えば障碍者や病人は別として，そうではない弱さを売り物にしている人たちを攻撃しているのである。ここでは，いじめは，あくまでも「パーソナルな問題」として考えられている。大学内，学校内のいじめ問題もおそらくは「パーソナルな問題」とし

て考えられてきたのであり，したがって，大学外，学校外にこの問題をさらけ出して，イメージ低下を引き起こしかねないリスクを起こすことに対しては大学や学校が消極的になるのは当然ともいえる。しかし，逆にいえば，本質的な「構造的な問題」であるにもかかわらず「パーソナルな問題」であるかのように読み替えて，対処してきた可能性を否定できないのである。そして，それが先述の「暗数」につながるのである。

この「パーソナルな問題」ということについて，大産大高事件の翌年，鹿川君事件の前年，つまり 1985 年におきた事件は考える素材を与えてくれる。

その事件とは，福島県のいわき市で起きた事件であり，中学 3 年生の男子生徒がいじめを苦に自殺したとされる事件である。柿沼・永野編（1985）によれば事件は下記のような経過をたどる。

被害者は，加害者のうちの主犯格の生徒から「子分」扱いされて，暴行を受け，金銭の提供を強要される。

それらは二年以降さらにひどくなる。S 君（原文，実名）がこのことを担任に告げると，かえって報復されたので，次第に担任にも話さなくなった。三年時に T（原文，実名）から約四万円を強要され，教室荒らしをして教師に見つかる。これが T からの要求にこたえるための行為であることを教師に告白したが，S 君が注意されるだけで，T への指導はされなかった。長期にわたる非道な T によるいじめ及び教室荒らしで，母親が学校に呼ばれたことを悩み抜いて，自らの生命を絶ったものと見られる。

1985 年 10 月 1 日の『朝日新聞（朝刊）』では次のように記されている。

S 君（原文，実名）はトイレの中でいじめられたことがあり，このときは床を磨く硬いタワシで顔面をこすりつけられ，傷だらけになった。二年生の時には，S 君と友人が近くの小学校の裏山にある洞穴の中でチェーンで顔を殴られたことや，別の場所で鎖ガマのように振り回すおもりつきのヒモで脅されたこともあった。S 君らは顔などが紫色にはれ

上がり，家族には「自転車で転んだ」などといっていたが，病院で治療を受けて問いただされ，暴行が分かったこともあるという。

　要するに，このケースも東京農大ワンゲル部事件，大産大高事件同様，いじめの範疇をはるかに超える暴行，傷害の刑事案件である。
　ただ，これが特異なケースであるのは，S君が自殺するまでに多くの大人が暴行や金銭の強要の事実を認識していることである。まず，担任には告げている。病院でも事情が把握されている。家族は担任に繰り返し相談に行っている。それなのに，なぜ悪質な暴行や金銭提供の強要が続けられたのか。
　同紙には校長の談話が載っており，「二学期になってからは，本人から何も言ってこないので安心していた。S君が悩んでいたことや水面下の子どもらの動きを気付かず残念です」ということである。しかし，「本人から何も言ってこないので安心していた」というのは，どういう根拠に基づく判断なのであろうか。「言いたくても何も言えない」状況がありうるとは考えなかったのであろうか。つまり，学校側が受け身に回っているのである。学校側には積極的に介入して問題を解決しようとする姿勢がみられないのである。
　柿沼・永野編（1985）でも指摘される通り，「言葉で注意しただけで，『指導した』と考える傾向があった」のであり，「注意したことが事実として改まっているかを確認しなければ，指導責任を果たしたことにはならない」のである。結局，7名の生徒が書類送検されることになったのだが，ここで初めて「学校側の責任」が問われることとなったのである。つまり，指導の質が問題視されたということである。
　いうなれば，これ以前におけるいじめをめぐる案件は，「パーソナルな問題」として捉えられていたのだが，はじめて学校の指導のあり方を含む構造的な問題，つまり，社会問題として捉えるという新たな視点が出てきたということである。この件においても，学校によってではなく，S君が自殺し，司直の手が入ることでさまざまな背景が明るみに出てきたのである。

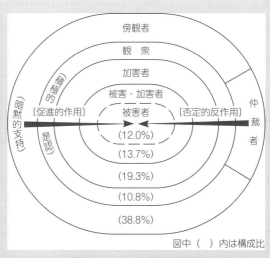

図中（　）内は構成比

図 3-1　いじめ集団の構造
出典：森田・清永（1994）

　この年，1985 年に森田洋司を研究代表者とする大阪市立大学社会学研究室グループ（1985）の有名な四層構造モデル，つまり，「被害者」，「加害者」，「観衆」，「傍観者」からなるモデルが提唱されている（図 3-1）。いじめをめぐる問題は「被害者」と「加害者」の「パーソナルな問題」ではなく，その周囲でいじめを容認し，場合によっては煽り立てる「観衆」，いじめを止めずに眺めている「傍観者」から成り立つとするものである。学術的にもいじめを「パーソナルな問題」として処理するのではなく，「構造的な問題」，「社会問題」として捉える視点が登場してきたのである。「観衆」や「傍観者」の存在によって，いじめは一時的なものではなく，持続的なものになっていくからだ。

　先のいわき市の事件は校長はじめ教員が「傍観者」ともとれる発言をしている事例であるが，1986 年の「鹿川君事件」では担任教師が「葬式ごっこ」などに加担し，「観衆」あるいは「加害者」にまでなっていたのである。したがって，16 名の生徒が書類送検されただけではなく，東京高等裁判所では学校の責任が明確に認められた。1980 年代半ばにいじめ問題

は「パーソナルな問題」から「構造的な問題」あるいは「社会問題」として捉えられるようになったといえよう。

❺ 校則といじめ問題

　大産大高事件にせよ，いわき市の事件にせよ，1980年代半ばに起きた事件である。この頃，全国の中学校では管理教育の嵐が吹き荒れ，生徒手帳に事細かく校則が書き込まれ，厳しい指導が行われ，早期発見，早期対処が行われているはずであった。しかし，それらは髪型，服装，所持品等に関する細かい規則とそれに基づく指導にすぎず，校則の多くは，個々の生徒の他の生徒へのかかわり方を統制するものではなかった。つまり，校則の多くはいじめを防止するためではなく，生徒の荒れを未然に防ぐために制定されていたのである。

　つまり，校則は，元来，個々人の髪型，服装，所持品や行為を規制し，統制するが，人間関係を規制し，統制するようなものではないのだ。したがって，現在のいくつかの学校で見られる「いじめ防止のための校則」をみると，陳腐なものが目立つ。例えば「他の生徒をあだ名で呼んではだめ」，「休み時間の私語はだめ」などである。校則とは，本来，構成員の合意に基づいて作成されて構成員すべてに課されるものではない。多くの場合，特に小中学校の場合，学校・教員が一方的に作り，生徒に課すものである。言い換えれば校則においては，学校・教員が「傍観者」，「観衆」あるいは「加害者」になるという想定そのものがない。「いじめは生徒間の問題である」という前提が潜んでいるのである。いじめ問題がなぜ起きるのか，いかにすれば未然に防ぐことができるのかを考えるうえで，学校・教員の対処の仕方をも含めて「いじめ問題」であるとして考えねばならないと認識することは極めて重要であると考える。校則だけでいじめ問題を解消しよう，防止しようとするのは土台無理な話ではないだろうか。

　周知のとおり，2011年の大津市のいじめ自殺事件を受けて2013年に「いじめ防止対策推進法」が制定される。この法律では学校・教員の対処の仕方についてもしっかりと言及されている。ただ，これで十分かという議論はありうる。この点を検討してみよう。

❻ 道徳教育といじめ問題

「いじめ防止対策推進法」においては，「第三章　基本的施策」第十五条（学校におけるいじめの防止）として次のような文言がみられる。

第十五条　学校の設置者及びその設置する学校は，児童等の豊かな情操と道徳心を培い，心の通う対人交流の能力の素地を養うことがいじめの防止に資することを踏まえ，全ての教育活動を通じた道徳教育及び体験活動等の充実を図らなければならない。

2　学校の設置者及びその設置する学校は，当該学校におけるいじめを防止するため，当該学校に在籍する児童等の保護者，地域住民その他の関係者との連携を図りつつ，いじめの防止に資する活動であって当該学校に在籍する児童等が自主的に行うものに対する支援，当該学校に在籍する児童等及びその保護者並びに当該学校の教職員に対するいじめを防止することの重要性に関する理解を深めるための啓発その他必要な措置を講ずるものとする。

校則ではなく，道徳の授業を通じて，この問題に対処しようということであり，その狙いは規範意識の醸成・強化にある。ここに道徳の教科化の法的根拠もあるのだ。

ただし，先程の四層構造モデルの観点から見れば，「いじめ防止対策推進法」については，さまざまな問題点があることもまた指摘されている。「加害者」と「被害者」が固定されていることはその最たるもので，今日のインターネット上でのいじめなどに見られるように，「加害者」と「被害者」は固定的ではなく，ある件に関しては「加害者」だが別の件に関しては「被害者」であるというケースもありうる。また，ある時点まで「加害者」だった人物が何かの拍子に「被害者」に転ずる（あるいはその逆に「被害者」から「加害者」に転ずる）こともありうる。ことにインターネットの普及，SNS の普及が進んでからこの傾向は進んでいる。

さらに道徳教育は，学校・教師が生徒に施す教育であるが，学校・教師

もいじめ問題を構成する当事者になりうることを前提として考えねばならない。先にも見たように，学校・教師は「傍観者」でありうるのはもちろん，時には「観衆」に，さらには「加害者」にまでなりうる。

　もちろん，学校・教師には先程の「いじめ防止対策推進法」において定められた責務があるし，研修において「いじめ問題」に関する教育を受けているのは事実である。しかし，法律を作り，道徳教育を行うことで，かりに規範意識が高まるとして，それをもって十分とすることができるだろうか。

　この点に関して，一つだけ例を挙げておく。例えば，あるいじめがあったとしてクラス全体が「観衆」あるいは「傍観者」になることは積極的にせよ，消極的にせよ，「被害者」をクラスから排除し，「加害者」に加担していることになる。

　しかし，他方で，いじめ問題が見えにくくなっているという問題を，今日の状況においてはことさらに認識しなくてはならないということも強調する必要がある。

　先述の東京農大ワンゲル部事件はワンダーフォーゲル部内で起きた事件である。大産大高事件は，日常的に行動を共にしているグループ内で起きた事件である。木更津市の事件も元々は被害生徒と親しいはずの女子生徒が，生徒会長との交際を打ち明けた被害生徒に対して激しい嫉妬を覚えたことから始まる。

　大学でも学校でも，教育の効果を上げるために，いかにして効果的なスモール・ユニットを構築するかは大きな課題である。ことに日本のように欧米と比べるとクラスの人数が多い国家・社会においてはこの仕掛けは必要とされる。スモール・ユニットはクラス内の班やクラブのように，制度化された形で存在することもありうるが，友人関係のように制度化されない形で存在することもありうる。ただ，フォーマルであれ，インフォーマルであれ，教育効果を上げるための必須の仕掛けであるスモール・ユニットは，同時に，いじめを囲い込み外から見えにくくするいじめの陰湿な土壌にもなりうる。いわゆる飼育である。

　インターネットの普及に伴い，「LINE外し」のような排除，そしてグルー

プ内にとどめて（外から見えないようにして）なぶるという飼育と，排除と飼育も装いを新たに，より巧妙な形でスモール・ユニットとからんでいじめ問題の陰湿な土壌になりえている。

　アクティブ・ラーニングの積極的な導入や SNS を活用した新たな教育形態は確かに一定の教育効果を上げるだろうし，生徒のコミュニケーションをより円滑にし，良好な人間関係を構築することにも役立つであろうが，負の側面も持ち合わせている。このように教育方法の選択との関連でいじめ問題をより一層深く考察することが必要なのではないかと考える。

❼ 麻生誠はなぜデュルケム『道徳教育論』を訳したのか

　さて，最初の問題に立ち返ろう。麻生誠が，なぜデュルケムの『道徳教育論』を訳したのか。本人が亡くなり，特に文章の形にして遺さなかったことから，推測するしかないのだが，麻生が文庫本として復刊したときには，大津市のいじめ問題はまだ表面化していなかった。しかし，相次ぐいじめ問題に学校現場が悩み続けていたのも事実である。

　麻生は決して，「いじめ問題が頻発→道徳教育の見直し・導入→規範意識の強化→いじめ問題の解決」という安易な発想で復刊させようとしたのではないと筆者は考える。むしろ，筆者との日常的な会話からは，社会問題化したいじめは，時代によって環境によって形を変えながらも，簡単には完治しない宿痾のようなものと認識していたと推察される。21 世紀に入ってから，頻繁に論じられるようになったジェネリックスキルとか，社会人基礎力とか，就職基礎能力などといわれる諸能力においては，他者との良好な関係を築きあげる能力が強調されている。大学以下の学校においても，そういった能力を身につける必要性は，麻生の存命中から声高に叫ばれていた。こういった諸能力を身につける具体的な手法として，先述のようにアクティブ・ラーニングの推進などがうたわれるのである。

　道徳教育を導入すればいじめ問題が解決すると安易に考えていたのではないとすれば，どういうことなのか。第 1 章で引用した麻生の言葉（1991）では次のように述べている。

私は2・3日迷ったあげく，教育学部教育学科に進学することに決めた。その理由は一つは個人的なこと，いま一つは自分の将来と日本の将来を教育に懸けてみようと思ったからであった。このような青くさい決意が，幻想ではなく，賭けとして認められた時代であった。

　この「青くさい決意」とは戦後間もないころの占領下の日本で「新たな，より高次の価値の創出」にかけるということであったと筆者は理解している。麻生のデュルケム『道徳教育論』の評価にも見られるように，デュルケムは既存の社会規範を内面化することを『道徳教育論』の要諦としたのではなく，既存の社会規範を内面化しながらも，それを自律的に変容し「新たな，より高次の価値の創出」を促していく力をも身につけるということを要諦としたのである。

　そしてこの考え方を最も体現する，つまり，デュルケムの思想のエッセンスが凝縮されたものとして麻生青年はデュルケム『道徳教育論』の翻訳をし，また自らの最後の出版として同書の復刊を図ったのだと筆者は考えている。第1章において述べたように，「意志の自律性」についてはデュルケムの論述が第一部のみで，第二部にはないので，誤解を受けがちであるが，これこそが最も重要な要素なのではないかと考える。

　かつて内閣総理大臣を務めた保守の政治家，福田赳夫は「政治は最高の道徳」と喝破した。その意は，下記のような点にあると考える。すなわち，法律は立法府の構成員たる政治家自身によって作られるのだが，それには抜け穴が多々ある。したがって，政治家は法律違反を避けるべきことはいうまでもないが，それだけでは十分ではない。法律を超える，より高次の価値の実現を目指すことが重要なのである。以上，こういったことを意味する言葉として福田は「政治は最高の道徳」と述べたと理解している。

　二宮尊徳もかつて「道徳なき経済は犯罪であり，経済なき道徳は寝言である」と述べたといわれる。この意も同様である。

　教育も新たな価値の創出にかかわる営みである。いじめや体罰などで荒廃している学校教育を再生するには，校則や規則を作り出すことだけでは十分ではない。それを超える，新たな，より高次の価値を生み出すことが

重要である。この問題を考えるうえで，麻生は，デュルケム『道徳教育論』を「現代に生きる古典」として後世に残そうとしたのだと考える。

引用・参考文献

- 麻生誠（1991）「私の出会った学者たち」民主教育協会編『IDE・現代の高等教育』No.327，pp.51-55
- 柿沼昌芳・永野恒雄編（2002）『学校の中の事件と犯罪（Ⅰ）』批評社
- 礫川全次（1995）『戦後ニッポン犯罪史』批評社
- 原清治・山内乾史（2013）「いじめ総論─特集　各国におけるいじめと体罰─」日本比較教育学会編『比較教育学研究』第47号，東信堂，pp.3-12
- 南英男（1985）『友だちが怖い─ドキュメント・ノベル「いじめ」─』集英社
- 森田洋司（研究代表者）（1985）『「いじめ」集団の構造に関する社会学的研究』大阪市立大学社会学研究室
- 森田洋司・清永賢二（1994）『いじめ─教室の病い─』金子書房
- 森村誠一（1970）『挫折のエリート』青樹社

課題

❶ いじめの四層構造モデルについて説明してください。

❷ いじめの社会問題化は何がきっかけとなったのか，説明してください。

❸ 学校という場で起きるいじめはほかの場で起きるいじめとどう異なるのか，説明してください。

ディスカッション

道徳教育の導入によっていじめ問題は減少したり解決したりするのでしょうか。考えてみよう。

〈MEMO〉

第**4**章

「道徳教育」研究の社会学的考察
—大学教職課程教科書及び
小学校検定教科書の比較研究—

キーワード　教科書分析，無意識のバイアス

☞　**要　旨**

　　道徳教育は活動から教科となった。本章が意図するのは教職課程で道徳教育について何がどう教えられているのか，また小学校の道徳で教科書がどのように構成されているのかを分析することである。まず，大学教職課程で使用される教科書 14 冊を歴史的視点から論述する。次に，実際の小学校で使用されている教科書を 3 冊比較検討する。教科書の選定においては，採択率の大きく異なる 3 種類の小学校教科書（東京書籍 21.3%と同じく 21.3%の日本文教出版，学校図書 5.7%）を数量的に，登場人物の国籍及びジェンダーの視点から比較する。結論としては，採択率の多い，東京書籍の方が登場人物における男女比の差は少なく，採択率の少ない学校図書の方が，日本人以外の外国人の比率が多く示された。教育的意義を持つ題材の集合体が教科書であり，国籍やジェンダーに対する題材の配慮は十分になされているにもかかわらず，一定の数量の教科書を一つのテキストとして分析対象とすることで，出版社や編集者の意識しない差が，無意識のバイアスとして表出された。

❶　本章の目的

2018 年度よりすべての小学校で，2019 年度よりすべての中学校で「特

別の教科　道徳」が教えられるようになった。まだ始まったばかりの段階ではあるが，いったいどのような教科書で何がどのように教えられているのか，従前の「教科外活動」としての「道徳の時間」から何がどう変わったのか，これらに関して検討するのが本章の目的である。

まず，「特別の教科」となることにより検定教科書が導入された。小学校では8社，中学校でも8社が教科書を刊行している。小学校では光文書院，中学校では日本教科書を除く7社が小学校でも中学校でも道徳教科書を刊行している。

ちなみに小学校では採択率順（2018年度）に（1）東京書籍，日本文教出版　21.3％，（3）光村図書出版　17.1％，（4）学研教育みらい　14.8％，（5）教育出版　8.6％，（6）光文書院　8.4％，（7）学校図書　5.7％，（8）廣済堂あかつき　2.9％である（2017年11月7日　文部科学省公表）。

他方，中学校では（2019年度）（1）東京書籍　34.8％，（2）日本文教出版　25.3％，（3）光村図書出版　16.0％，（4）教育出版　10.1％，（5）学研教育みらい　5.7％，（6）廣済堂あかつき　5.4％，（7）学校図書　2.4％，（8）日本教科書　0.3％である（2018年11月9日　文部科学省公表）。

❷ 大学教職課程「道徳教育の研究（道徳教育論）」の教科書分析

ここでは1970年代後半から2020年までの半世紀近くの間に発行されてきた数々の大学教職課程における「道徳教育の研究（道徳教育論）」の教科書の構成を分析してみる。紙幅の都合もあり，ここでは特に11冊を取り上げる。またそれとは別に放送大学の教材について，学士課程のもの2冊，大学院課程のもの1冊を取り上げる。

各書の構成を確認することと社会学的な視点が盛り込まれているのかどうかに着目した。まさしくデュルケム（麻生・山村訳）（2010）が喝破したように，社会があるからこそ道徳が存在するのであり，「社会には道徳教育が必要になる」のである。したがって，道徳は社会学的分析が可能であり，また社会学的分析を必要とするのである。

なお，ここでの分析手法に関しては麻生ゼミ（1981）を参考にした。

(1)　新堀通也編『道徳教育（講座現代教育学9）』（福村出版，1977年3月）

　まず取り上げるのは，日本の教育社会学の礎を築いた一人，新堀通也の編集によるものである。ちなみに，新堀はデュルケム研究でも知られる教育社会学者である。1966年には単著『デュルケーム研究―その社会学と教育学―』（文化評論出版）を刊行し，その第二章第二節において「道徳と教育」を論じている。

　教育を研究対象とする分野に身を置く者からすれば，上記のほとんどは広島大学関係者であり，各領域の著名なフロントランナーが執筆していることがわかるだろう。新堀，池田，井上，三好，沖原，二宮の6名は広島大学教育学部（現在は教育学研究科）の教員であり，長井は東京学芸大学，小笠原は上智大学，上野は西南学院大学，村井は徳島大学，上寺は筑波大学，村田は滋賀大学に，それぞれ当時勤務しており，いずれも著名な研究者である。予想できることながら，池田秀男（社会教育学），新堀通也（教育社会学）の執筆した章ではデュルケムに言及されており，教育社会学的な視点が取り入れられている。本書が類書と大きく異なる点は，比較教育学的な視点から道徳教育を類型化し，検討している（第8章）ところであろう。

(2) 田中圭次郎編『道徳教育の基礎（佛教大学教育学叢書）』（ナカニシヤ出版，2006 年 3 月）

第 1 章 道徳と教育 田中圭次郎

第 2 章 西洋における道徳教育思想（Ⅰ）—古代・中世の道徳教育思想— 中井裕之

第 3 章 西洋における道徳教育思想（Ⅱ）—ルネサンス・17 世紀の道徳教育思想— 中井裕之

第 4 章 西洋における道徳教育思想（Ⅲ） 田中潤一

第 5 章 日本における道徳教育の思想 田中潤一

第 6 章 日本の道徳教育（Ⅰ）—第 2 次世界大戦以前— 田中圭次郎

第 7 章 日本の道徳教育（Ⅱ）—第 2 次世界大戦以後— 田中圭次郎

第 8 章 「生きる力」の育成と道徳教育 山﨑高哉

第 9 章 小学校・中学校における道徳の時間 達富洋二・小林隆

第 10 章 進路・職業指導と道徳教育 伊藤一雄

　編者の田中圭次郎は比較教育学者であり，執筆当時佛教大学教育学部教授であった。ちなみに，執筆当時，中井裕之と田中潤一は京都大学大学院教育学研究科の大学院生，山﨑，達富・小林はいずれも佛教大学教育学部教員，伊藤は関西福祉科学大学教員であった。佛教大学は通信教育課程をも有する教員養成の伝統校であるのだが，構成としては極めてオーソドックスな教科書である。ただし，教育哲学と比較教育学の視点が強く出ており，社会学的な視点はほとんどなく，デュルケムの引用も名前も出てくることはない。

(3) 小島弘道監修，吉田武男・相澤伸幸・柳沼良太『学校教育と道徳教育の創造（講座　現代学校教育の高度化　第 23 巻）』（学文社，2010 年 11 月）

第 1 章 道徳教育における始原への遡及 相澤伸幸

第 2 章 新旧の道徳授業の理論と実践 柳沼良太

第 3 章 「心の教育」からの脱却とわが国の道徳教育の再構築 吉田武男

本書は特異な構成をとる。3名の著者（編者ではない）がそれぞれ一つの章を担当し，3章構成となっている。もちろん道徳教育の歴史（西欧，日本の双方），教科教育法，シティズンシップ教育等のトピックを漏れなく取り上げ，内容的にはオーソドックスともいえる。執筆者3名は教育哲学の領域の研究者である。なお，デュルケム等社会学者の名前は出てこない。

(4) 田中智志・橋本美保監修，松下良平編『道徳教育論（新・教職課程シリーズ）』（一藝社，2014年4月）

序章　なぜ学校で道徳教育を行うのか　松下良平
第1章　学校における道徳教育の歴史〜戦前編〜　德本達夫
第2章　学校における道徳教育の歴史〜戦後編〜　佐久間裕之
第3章　子どもと悪　森佳子
第4章　ジェンダーと道徳・教育　林泰成
第5章　情報社会の中の道徳教育　上原秀一
第6章　消費社会・市場社会の中の道徳教育　生澤繁樹
第7章　グローバル化の中の道徳教育　市川秀之
第8章　「道徳の時間」で何ができるか〜小学校編〜　林泰成
第9章　「道徳の時間」で何ができるか〜中学校編〜　柳沼良太
第10章　教科教育と道徳教育　梶原郁郎
第11章　特別活動と道徳教育　松岡敬興
第12章　学校全体で行う道徳教育　田中智志
第13章　道徳教育と市民教育　生澤繁樹
終章　これからの道徳教育を構想する　松下良平

次いで取り上げるのは，道徳教育研究の第一人者，松下良平の編集した書である。本書の執筆者は所属の面では多岐にわたるが，専門領域でいえば，教育哲学，教育史学，道徳教育学の領域に属する者が過半である。ジェンダー，情報社会，市民教育など，21世紀の新たな課題と道徳教育との関連を扱うなど意欲的な書である。13章ではデュルケムに言及されている。

(5) 小寺正一・藤永芳純編『道徳教育を学ぶ人のために（四訂）』（世界思想社，2016年9月）

第1章　道徳と教育　小寺正一

第2章　道徳教育の歴史　小寺正一

第3章　道徳性の発達　藤永芳純

第4章　道徳教育の授業理論　伊藤啓一

第5章　学校における道徳教育の全体構想　西村日出男

第6章　道徳科の指導　小寺正一

第7章　道徳的実践の指導　藤永芳純

　本書は他書と比べて章の数が少ないと感じられるかもしれないが，一つひとつの章の分量が多く，全体として，量的には全く遜色はない。全7章を4名で執筆している。4名とも道徳教育の専門家であり，道徳教育の理論，歴史，心理学的な側面，授業実践を巧みに網羅している。デュルケムについてはコールバーグとの関連でわずかに言及されている。

(6) 高見茂・田中耕治・矢野智司・稲垣恭子監修，田中耕治編著『道徳教育（教職教養講座第6巻）』（協同出版，2017年10月）

第1章　道徳の思想と道徳教育　松下良平・山名淳

第2章　道徳教育の可能性　菱刈晃夫・鳶野克己

第3章　道徳教育の歴史　岸本実・高根雅啓

第4章　道徳教育をめぐる今日的課題　柴原弘志・松下良平

第5章　発達に応じた道徳教育の展開と課題　楜沢実・堀田泰永・鎌田賢二・野本玲子

第6章　道徳教育の教育方法　荒木寿友・田中耕治

第7章　道徳教育における教師の役割　荒木寿友

　本書は，京都大学大学院教育学研究科の教員が中心になって編纂した「教職教養講座」の一冊である。理論的なパートについては教育哲学の研究者，実践のパートについては現職教員が中心になって執筆している。デュ

ルケムへの言及はない。

(7) 吉田武男監修，田中マリア編『道徳教育（MINERVA はじめて学ぶ教職 12)』（ミネルヴァ書房，2018 年 5 月）

第Ⅰ部　道徳教育の基礎と理論

　第 1 章　道徳とは何か　吉田誠

　第 2 章　道徳教育の諸理論（西洋）　小林将太

第Ⅱ部　日本における道徳教育の歴史

　第 3 章　修身科時代の道徳教育　宮本慧

　第 4 章　全面主義的道徳から特設道徳へ　河原芽以

　第 5 章　「道徳の時間」から「特別の教科　道徳」へ　細戸一佳

第Ⅲ部　教科化時代の道徳教育

　第 6 章　指導体制と担当者　板橋雅則

　第 7 章　道徳教育用教材　原口友輝

　第 8 章　道徳教育における評価　吉田武男

第Ⅳ部　新たな時代の道徳教育

　第 9 章　道徳教育における環境教育　山本容子

　第 10 章　道徳教育における情報モラル教育　村松遼太

　第 11 章　道徳教育における現代的な課題の取扱い—国際的な人権教育
　　　　　　から—　細戸一佳

第Ⅴ部　価値教育をめぐる諸外国の動向

　1．アメリカ　村松香織

　2．イギリス　菊地かおり

　3．ドイツ　相賀由美子

　4．フランス　川上若奈

　5．スイス連邦　田中マリア

　6．韓国　洪顕吉

　7．中国　那楽

　8．シンガポール　池田充裕

　9．タイ　渋谷恵

10. マレーシア　手嶋將博

　大判の書籍で，執筆者の所属先は多岐にわたる。現職教員も大学院生も含まれている。編者の田中は道徳教育研究の専門家である。理論，歴史，実践を丁寧に押さえているが，第Ⅳ部と第Ⅴ部が本書の特徴であろう。第Ⅳ部では 21 世紀の現代的な諸課題と道徳教育の関係性を説き，第Ⅴ部では 10 ヵ国の動向が詳細にレポートされている。第 2 章においては，デュルケム『道徳教育論』への言及が再三みられる。

(8)　原清治・春日井敏之・篠原正典・森田英樹監修，荒木寿友・藤井基貴編『道徳教育（新しい教職教育講座 教職教育編 7）』（ミネルヴァ書房，2019 年 5 月）

第 1 章　道徳教育とは何か　生澤繁樹
第 2 章　道徳教育と心理学　藤澤文
第 3 章　道徳教育の歴史　山崎雄介
第 4 章　学習指導要領における道徳教育　小林将太
第 5 章　道徳教育の方法　伊藤博美
第 6 章　道徳教育における内容項目と教材　荒木寿友
第 7 章　学習指導案の作成―小学校　藤井基貴・松原祐記子・木原一彰
第 8 章　学習指導案の作成―中学校　西田透・土屋陽介・星美由紀
第 9 章　道徳科における評価　趙卿我
第 10 章　道徳教育と子どもの問題　加藤弘通
第 11 章　シティズンシップ教育と道徳教育　川中大輔
第 12 章　現代的な課題と道徳教育　藤井基貴
第 13 章　対話への道徳教育　荒木寿友

　「新しい教職教育講座」は佛教大学と立命館大学の教職課程担当教員が中心になって企画したシリーズであるが，この巻に関しては立命館大学の教員が中心になっており，佛教大学の関係者は執筆していない。本書では実践にかなりのスペースが割かれているが，現代的な課題も取り上げてい

る。デュルケムへの言及は第1章にあり，「意志の自律性」の重要性が説かれている。

(9) 伊藤良高・冨江英俊・大津尚志・永野典詞・冨田晴生編『道徳教育のフロンティア（改訂版）』（晃洋書房，2019年4月，初版は2014年9月）

　以上の他にコラム等を橋本一雄・中川雅道・降旗直子・宮﨑由紀子・金子幸・桐原誠が執筆している。執筆者の所属は多岐にわたるが，構成は極めてオーソドックスである。執筆者のうち，冨江と小針が教育社会学者である。第2章（冨江執筆）ではデュルケムへの言及がある。

(10) 井ノ口淳三編『道徳教育（教師教育テキストシリーズ11，改訂第二版）』（学文社，2020年4月，初版は2007年4月）

第 2 章　道徳教育の本質と目標　宮嶋秀光

第 3 章　道徳性の発達理論とその臨界―フロイト，ピアジェ，コールバーグ―　下司晶

第 4 章　道徳教育はどうあるべきか　徳永正直

第 5 章　道徳教育の方法　広瀬信

第 6 章　道徳科の授業　山崎雄介

第 7 章　道徳教育の歴史　徳本達夫

第 8 章　道徳教育と宗教　山口和孝

　　執筆者の所属は多岐にわたるが，構成は極めてオーソドックスである。ただ，全体として心理学的な視点が強いものの，デュルケム『道徳教育論』に関する説明もある。

(11)　汐見稔幸・奈須正裕監修，上地完治編『道徳教育の理論と実践（アクティベート教育学 09）』（ミネルヴァ書房，2020 年 4 月）

序章　道徳科の授業を学びの場に　上地完治

第 1 章　わが国の道徳教育の歴史　毛内嘉成

第 2 章　学習指導要領における道徳教育と道徳科の規定　小林万里子

第 3 章　子どもの道徳性の発達　岩立京子

第 4 章　道徳学習指導案の作成例（1）　坂本哲彦

第 5 章　道徳学習指導案の作成例（2）　櫻井宏尚

第 6 章　道徳学習指導案の作成例（3）　桃﨑剛寿

第 7 章　道徳科の教材分析，教材研究　堺正之

第 8 章　読み物資料の役割　古波蔵香

第 9 章　役割演技の意義と活用法　早川裕隆・北川沙織

第 10 章　道徳授業の評価　服部敬一

第 11 章　道徳授業と学級経営　眞榮城善之介・上地豪

第 12 章　学校の教育活動全体を通じた道徳教育の展開　天願直光

第 13 章　道徳とは何か　藤井佳世

第 14 章　道徳的価値について　岡部美香

第 1 章
第 2 章
第 3 章
第 4 章
第 5 章
第 6 章
第 7 章
附録

第15章　いじめ問題と道徳教育　渡邉満

　心理学者と道徳教育の専門家，現職教員を中心として執筆された教科書
である。いじめ問題に一つの章を割いているのが特徴的である。デュルケ
ムへの言及はない。

　次に放送大学教材を概観する。

(A)　林泰成『新訂 道徳教育論』（一般財団法人　放送大学教育振興会，2009 年 3 月）

第1章　道徳教育とは何か

第2章　日本の道徳教育の歴史

第3章　学習指導要領と道徳教育

第4章　道徳性の発達

第5章　道徳的社会化

第6章　道徳授業の方法Ⅰ―伝統主義的アプローチ―

第7章　道徳授業の方法Ⅱ―進歩主義的アプローチ―

第8章　教科教育と道徳教育

第9章　特別活動と道徳教育

第10章　道徳教育と教育臨床

第11章　家庭・地域社会における道徳教育

第12章　諸外国の道徳教育

第13章　道徳教育と宗教

第14章　人権教育と道徳教育

第15章　道徳教育の課題

　本書は林の単著である。著者は道徳教育研究の専門家である。したがっ
て構成もオーソドックスである。デュルケムについても詳細な論述がなさ
れている。

(B) 堺正之『道徳教育の方法』（一般財団法人 放送大学教育振興会, 2015 年 3 月）

第 1 章　道徳と道徳教育

第 2 章　日本における道徳教育の歩み

第 3 章　シティズンシップ教育の要請

第 4 章　子どもの発達と道徳教育（1）―社会化論―

第 5 章　子どもの発達と道徳教育（2）―道徳性発達論―

第 6 章　学校における道徳教育（1）―教育課程上の位置づけとその目標―

第 7 章　学校における道徳教育（2）―道徳の内容―

第 8 章　学校における道徳教育（3）―道徳の指導計画―

第 9 章　道徳授業の実践（1）―道徳の時間の意義―

第 10 章　道徳授業の実践（2）―道徳の時間の指導過程・指導方法―

第 11 章　道徳授業の実践（3）―新たな指導法の開発―

第 12 章　道徳教育における評価

第 13 章　道徳教育における家庭・学校・地域社会の連携

第 14 章　外国における道徳教育

第 15 章　道徳教育の課題―人権と道徳，道徳教育の妥当性―

　本書も堺の単著である。著者は道徳教育研究の専門家である。したがっ
て構成もオーソドックスである。（A）同様に，デュルケムについても詳
細な論述がなされている。

(C) 西野真由美編『新訂 道徳教育の理念と実践』（一般財団法人 放送大学教育振興会, 2020 年 3 月）

第 1 章　道徳教育への問い　西野真由美

第 2 章　学びと道徳教育　西野真由美

第 3 章　道徳教育理論の展開　西野真由美

第 4 章　道徳感情の発達と行動理論に基づく道徳教育　渡辺弥生

第 5 章　道徳教育理論の現在　西野真由美

第 6 章　世界の道徳教育　西野真由美

　これは放送大学大学院文化科学研究科の教科書である。全 15 章中，10章を西野が執筆している。渡辺は心理学者であるが，西野，押谷，貝塚は道徳教育研究の専門家である。第 3 章において，デュルケムは，ピアジェ，コールバーグと並んで一つの節を割いて論じられている。

　以上，いずれの教科書においても，日本の道徳教育の歴史，世界の道徳教育の歴史，ピアジェ，コールバーグ等の道徳性の発達理論，教科教育法，学習指導法などについて論じられている一方，各書のオリジナルなトピックもみられる。また，放送大学の教科書 3 冊においては，デュルケムがかなり重要視され，厚みのある記述がされているが，他の教科書 11 冊においては，7 冊において言及がみられ，4 冊では言及がみられない。もちろん，社会学者は登場せず，教育哲学，教育心理学の視点が強く打ち出されている。デュルケムは『道徳教育論』の著者として，学校教育における世俗道徳の教育について手厚く論じたはじめての人物である。社会学的な道徳分析，道徳教育へのアプローチの重要性を説いた初めての人物である。現代の道徳教育においてデュルケムがあげる道徳教育の三要素，「規律の精神」，「社会集団への愛着」，「意志の自律性」の重要性はいささかも衰えない。これらの三要素はいずれも社会学的分析が可能であり，それを必要とするのだ。

　もちろん，ソクラテスあるいはカントにさかのぼる教育哲学的アプロー

チ，ピアジェやコールバーグらの教育心理学的アプローチの重要性を否定するつもりは毛頭ない。しかし，それに社会学的分析を加えることによって，道徳教育研究の内容をより豊かにできるのではないかと考える。道徳は無人島では存在しない。社会があってこそ道徳があるのである。巨視的アプローチで道徳教育をとらえることは，従来の道徳教育研究を否定するのではなく，その内容を豊かにすることに貢献するであろう。戦後しばらくはデュルケムは，外部の規律の内面化を説いたように受け止められ，国家主義擁護の道徳教育論者のように受け止める議論すらあり，批判されてきた。しかし，デュルケムの『道徳教育論』で充分に論じられてこなかったけれども，彼が言及している「意志の自律性」を看過してはいけない。「意志の自律性」を軸に道徳教育を社会学的に分析する視点を，教職課程の「道徳教育の研究」に持ち込むことが必要ではないだろうか。

❸ 「特別の教科　道徳」の教科書研究：ジェンダーの視点から—多様性を尊重する社会形成のために—

学習指導要領では，道徳の授業の目的は議論や意見を述べることを中心に行われるが，その一方で，評価においては，本田由紀（2020，p.188）は，「指導の観点」に適合するような「態度」を示すことが，授業および評価というルートを通じて明示的・暗示的に強く求められているとし，児童生徒の心のあり方を一様に規定すると見解を述べている。

また，本田（同）が行った都内の 10 校の公立中学生 1,800 人対象の調査では，「道徳の授業内容が好き」という生徒は，「国を愛することは大切だと思う（愛国心）」「ルールを守らない人は厳しく罰した方が良いと思う（ルール順守）」「女性は家庭で家事や育児を行い，男性は働いて家計を支えるのが普通だと思う（性別役割分業意識）」が強いという結果が示された。つまり，道徳を学ぶことで男女の性別役割分業意識がより強くなり，現代の日本，そして国際社会が目指す LGBT を含んださまざまなマイノリティの人々との共生を阻む要因となることを意味する。

本節では，道徳の教科書において愛国心や性別役割分業意識に焦点をおいて，教科書の実証的な検証を行う。理論的背景として，心理学の用語で

ある「無意識のバイアス」を援用する。

理論的背景

「無意識のバイアス」とは，ある特定の社会集団に対する小さな偏見に由来した固定概念であり，個人が認識できない意識下での判断や意思決定に影響を及ぼす認知とされる。この認知を実証的に証明した研究を2つ紹介する。

Rubin（1992）は，心理学専攻のアメリカの大学生らに，標準的な米国英語で録音した講義を聞かせた。その時に，金髪で青い目の白人女性の写真と，黒髪の典型的なアジア系女性の写真を見せたときでは，同一の音声であるにもかかわらず，学生は，後者の写真の時の方が英語に訛りがあるように聞こえたと報告した。Goldin & Rouse（2000）の調査では，圧倒的に男性の演者が多かった米国のオーケストラの楽団員の公開オーディションで，志願者と審査員との間にスクリーンを設置すると，最終審査まで勝ち残る女性の比率が数倍高くなったと報告した。つまり，これらの実験が証明することは，個人の思い込みや固定概念が，正当な判断を阻害し，さらに，人間はその誤った判断に対して無自覚であることを証明する。これらの「アジア人の英語は訛りがある」や「男性の演者の方が女性よりも優れている」という過去の見聞や経験，世間一般に広く流布する一般的な価値観から自身に内在化した固定概念に由来する小さな偏見は，すべての人間に備わっている認知とされる。つまり，知識や数式の伝授ではなく，さまざまな人物が登場し，物語を繰り広げていく人間教育を主とする道徳の教科書にこそ，編集者や出版社も意識しない題材や内容における無意識のバイアスは存在するのではないだろうか。

具体的な例を挙げれば，小学校1年生の教科書に「みんなじょうず」という題の話がある。その中に，以下の文章が登場する。「お母さんは料理上手，お父さんは修理上手，弟は塗り絵上手，ほらね，僕は褒め上手」おそらく執筆者や編集者も男女の性別役割分業を促進する意図もなく，何気ない家庭の中の一つの日常を描こうとした。しかしながら，「女性が（上手に）料理をする」「男性が物作りや修理に秀でている」は，明らかな偏

見であり，料理が苦手な女性や，修理ができない男性に対する劣等感や，こうあるべき女性像や男性像を自身に植え付けるきっかけとなりうるという教科書の無意識のバイアスである。

　このような問題の所在により，今回の調査では，採択率の大きく異なる3つの出版社から発行された小学校の教科書を数量的に比較検討し，教科書に潜む無意識のバイアスを表出することを目的としている。教科書研究の見地からは，副教科とされていた道徳教科書における研究の歴史は浅く，教科化されるに至って，研究の研鑽が始まったばかりである。加えて，研究方法や分析対象の教科書も論者によって異なり，道徳の教科書研究の研究基盤として確立されているとは言い難い。以下に，近年の道徳教育に関する先行研究を紹介する。

道徳教科書における先行研究

　理論的な背景で示すと，松下（2011）は，道徳教育に対して以下のように述べている。「一定の社会や集団が求める人間像という鋳型に人間をはめ込むのが道徳教育とされるかぎりは，その特殊な人間像にとらわれずに道徳的存在に向けて成長していくための足場は確保できない」。つまり，現行の教科書が示す人間のあるべき姿と，本来の道徳が目指す人間像が相違する事実を指摘する，その具体例として，代表的な教材である「手品師」を挙げ，教科書が追求する，あるべき人間像を否定する。

　話の概要は以下のとおりである。腕は良いが売れない手品師が，ある日道で少年と出会う。その少年がひどく落ち込んでいる様子を心配した手品師は，少年に声を掛け理由を尋ねると，母が帰って来ないと答えた。哀れに思った手品師が手品を見せて少年を励まし，明日も来ることを約束した。その日の夜に，大劇場のステージで手品を披露する手品師を探しているという電話が手品師に掛かってくる。少年との約束か，大劇場のステージかの選択を迫られた手品師は，迷った末に少年との約束を選択するという「約束は守ろう・友情は大切にしよう」というメッセージを題材にした内容である。松下（2011）は，自身の名誉や栄光ではなく，少年との約束を守った一見すると尊敬されるべき手品師の行為に対して，自己の利益を抑制し，

放棄してまで他者を尊重する現行の自己犠牲の道徳観に対して過度な「利他主義」と唱え，「内的な善の利己主義」の追求が正当に評価される重要性を示している。具体的には，自らの努力や精進によって得ることができる栄光や名誉（例えば，サッカー技術の向上や外国語能力の習得）を犠牲にしてまで，他者を尊重する必要があるのかという論点である。言い換えれば，自身の内的な善を大事にしてこそ，他者への思いやりが可能になると示し，利己主義が広がる社会への警鐘として，反利己主義的な思いやりが声高く叫ばれる現状に疑問を呈している。松下（2011）の目指すところは，自己実現のための機会と能力を奪われた人々が，自らの職業や信条の内的善を各自が拡張し，他者を傷つけない自己愛で満ち溢れた社会であり，自己愛全てが悪とされる一元化を批判する。

　教科としての道徳教科書の比較研究としては，古川雄嗣（2018）と西口啓太・渡邊隆信（2020）が挙げられる。古川は，2社の出版社の政治的思想を編者や執筆者の思想を元に，右派・保守派（教育出版）と左派・進歩派（光文書院）に分けて，「ナショナル・アイデンティティ（愛国心）」の観点から分析している。ナショナル・アイデンティティの視点とは，小学校1年から6年までの教科書の全教材の中から，1）日本の歴史，神話，伝統，文化，市民に関する教材，2）日本人を取り上げた題材の割合を提示した。結果は，一見，左派が支持するべき文化的・市民的ナショナリズムの題材を右派の教育出版が推進し，右派が支持するはずの文化的・民族

表4-1　全社に共通する道徳教材とその視点

資料名	項目の視点	配当学年
かぼちゃのつる	節度・節制（A）	1年生
橋の上のおおかみ	親切・思いやり（B）	1年生
金のおの	正直・誠実（A）	1年生・2年生
花さき山	生命の尊さ（D）	3年生・4年生
雨のバスていりゅう所で	規則の尊重（C）	4年生
手品師	正直・誠実（A）	5年生・6年生

出典：西口・渡邊（2000）を参考に筆者作成

表 4-2　東京書籍・日本文教出版・学校図書の道徳教科書ページ数

	1 年	2 年	3 年	4 年	5 年	6 年	合計
東京書籍	120	140	162	166	178	194	960
日本文教出版	146	166	178	186	186	186	1048
学校図書	122	130	142	158	154	154	860

出典：平田（2019）を参考に筆者作成

的ナショナリズムの題材を左派の光文書院が推進するという思想の「ねじれ」が検出されたと報告した。

　西口・渡邊（2020）は，8 社の小学校の教科書 48 冊を 1）資料の総数，2）出典頻度の高い資料，3）8 社中 5 社で共通している出典頻度の高い資料，4）伝記資料にそれぞれ分類した。結果の一部を示すと，全社が共通して出典している題材が表 4-1 の 6 点である。表 4-1 に示されるように，自身の行動を示す「節度・節制」「正直・誠実」「規則の尊重」を求められる項目が 4 点，他者に対する「親切・思いやり」が 1 点と，自身の行動や欲求を抑制し，他者を尊重する「利他主義」が重要視される事実を証明している。

　しかしながら，上記の比較研究では，ナショナリズムの視点でいえば登場人物の国籍の分析，ジェンダーの見地からの男女比はまだ調査されておらず，本章では，以下の作業仮説を設定する。1）採用率が同程度の教科書でも，日本人と外国人の登場の割合は大きく異なる。2）採択率が同程度の教科書でも，男女の登場人物の割合は大きく異なる。この 2 つの観点から，採択率が 21.3% の東京書籍の『新しい道徳』と同じく 21.3% の日本文教出版の『生きるちから』，採択率が 5.7% の学校図書の『かがやけみらい』を分析対象とする。採択率が大きく異なる教科書を比べることにより，意図的に特定の教育的意義を持つ題材を選別した集合体の教科書における国籍の差，男女の差を無意識のバイアスとして表出させることを目的としている。表 4-2 は，上記 3 社の小学校 1 年生から 6 年生までの教科書の総ページ数を示す。

結　果

　表 4-3，4-4，4-5 は，1 年生から 6 年生の教科書全てに登場した人物の
男女比及び，国籍比を示したものである。登場人物とは，人物以外にも擬
人化できるロボットや動物も対象とした。

　表 4-3 は，登場人物について，表 4-4 は，性別について，表 4-5 は，国籍
についてそれぞれ示している。例えば，表 4-3 でいえば，東京書籍では，人
と動物が同時に登場する単元が 6 つ，学校図書では 12 存在する，という意

表 4-3　東京書籍・日本文教出版・学校図書における登場人物について

	東京書籍	日本文教出版	学校図書
人物のみ	181	195	207
動物のみ	25	21	18
人と動物	6	9	12
なし	3	4	8
合計	215	229	245

出典：筆者作成

表 4-4　東京書籍・日本文教出版・学校図書における登場人物の性別について

	東京書籍	日本文教出版	学校図書
男女	128	134	135
男性のみ	38	42	68
女性のみ	22	27	15
性別不明	27	26	27
合計	215	229	245

出典：筆者作成

表 4-5　東京書籍・日本文教出版・学校図書における登場人物の国籍について

	東京書籍	日本文教出版	学校図書
日本人のみ	173	181	185
日本人と外国人	6	10	10
外国人のみ	8	13	25
国籍不明	28	25	25
合計	215	229	245

出典：筆者作成

味である。登場人物なしとは，地球的な環境問題や平和などの観念的な単元である。表4-5の国籍の不明とは，動物の擬人化や，ロボットを示している。

　上記の表に示されるように，顕著な差として表出したのは，登場人物が男性のみ出現する話と女性のみ出現する話の比率が大きく異なるということである。3つの出版社に共通することは，女性のみが登場する話が，男性のみ登場する課に比べて，少ないという事実は示されるが，顕著な差として，学校図書の方が，女性のみの登場人物の話が少ないということである。

　実存する登場人物を登場させ，偉業や社会的貢献を示すことで，より物語を児童に身近に感じさせ，ロールモデルとなる意図は理解できる。しかしながら，ジェンダー平等や男女の比率という観点では，偉大な人物＝男性という小さな偏見が存在することが教科書に潜む無意識のバイアスとして指摘できる。

　また，登場人物の国籍については，外国人のみが出現するが，学校図書においては，日本文教出版の約2倍，東京書籍の3倍もの数値を示している。この点に関しては，古川雄嗣（2018）の愛国心の観点からいえば，東京書籍が「右派・保守派」であり，学校図書が「左派・進歩派」と判断できよう。

❹ 結論と考察

　結論としては，一見，平等に見える教科書においても，男女比や国籍の比においても教科書間での差異は発見される。つまり，その誰もが意識をしていない無意識下において，マイノリティや社会的弱者に対する差別や偏見が培われ，一見，多様性を尊重する態度や意識を尊重する道徳教育が，偏見や差別を生み出す画一的な価値観を植え付ける恐れがある。

　つまり，教科書を用いて道徳という教科を教えるうえで，最も重要なことは，教科書自体にも，小さな偏見や差別が隠されていることを教員が認識し，隠されたバイアスについて自覚的に実際の授業において是正することが求められるのではないだろうか。

　それは，評価の観点でも重要な教育的意義を持ち，他の児童との比較による相対評価ではなく，各児童生徒の成長や態度を評価する個人内評価で，記述式とされているからこそ教員の主観性が大きな影響を及ぼすこと

を示している。つまり，自身の価値観が絶対的な基準ではなく，自身にも
バイアスがあるということを加味して評価をすることが求められるのでは
ないだろうか。

引用・参考文献

- 麻生ゼミ（1981）「概論書に見るアメリカ教育社会学の研究動向」『大阪大学教育
  社会学・教育計画論研究集録』第 2 号，大阪大学人間科学部教育社会学・教育計画
  論研究室，pp. 70-147
- デュルケム，E.（麻生誠・山村健訳）（2010）『道徳教育論』講談社
- 西口啓太・渡邊隆信（2020）「小学校における『特別の教科　道徳』の教科書分析
  ―『内容項目』との関連を中心に―」『教育学論集』第 23 号，神戸大学大学院　人
  間発達環境学研究科・神戸大学発達科学部教育科学論コース，pp. 1-9，神戸大学
- 平田繁（2019）「小学校道徳教科書における指導内容取扱い数」『中村学園大学発
  達支援センター研究紀要』第 10 号，pp. 93-101
- 古川雄嗣（2018）「小学校道徳教科書における『愛国心』の取り扱いについて―教
  育出版と光文書院を事例として―」『北海道教育大学紀要（教育科学編）』第 68 巻
  第 2 号，北海道教育大学，pp. 47-57
- 本田由紀（2020）『教育は何を評価してきたのか』岩波書店
- 松下良平（2011）『道徳教育はホントに道徳的か―「生きづらさ」の背景を探る―』
  日本図書センター
- Goldin, C. & Rouse, C. (2000) Orchestrating Impartiality: The Impact of
  "Blind" Auditions on Female Musicians, *American Economic Review*, 90
  (4), pp. 715-741.
- Rubin, D. L. (1992). Nonlanguage factors affecting undergraduates'
  judgments of nonnative english-speaking teaching assistants, *Research
  in Hligher Education*, 33(4), pp. 511-531.

（注）本章では，1 節と 2 節を山内が，3 節と結論を末澤が執筆した。本章の作成にあ
たっての貢献度は末澤が 60%，山内が 40%である。したがって，末澤が第一筆者，
山内が第二筆者である。しかし，本章全体にわたって両名が責任を負う。

課題

❶ 教科書にバイアスが潜むとすれば，その原因は何か，説明してください。

❷ 同じ教科，同じ学年の教科書でも，内容に大きなばらつきがあるのはなぜか，説明してください。

❸ この章で扱われた以外にも教科書にはバイアスが潜んでいるとすれば，どのようなバイアスか，説明してください。

ディスカッション

ある価値観について教科書を使用して教える場合と使用しない場合のそれぞれのメリットとデメリットについて考えてみよう。

〈MEMO〉

第5章

青少年の特徴と
ネット世界の子どもたち
—社会的スキルと携帯電話の関係を中心に—

> **キーワード**　いじめ，携帯電話，学校裏サイト，疑似コミュニティ，
> 社会的距離

要旨

　携帯電話は 1987 年に登場し，急速に普及し 20 世紀から 21 世紀への移り変わりに伴い，子どもたちにも急速に普及し，子どもたちの世界を根本から変えるきっかけになった。わかりやすくいえば，子どもたちにリアルな世界に加えて，バーチャルな世界＝疑似コミュニティを提供した。この携帯電話は，子どもたちの安全を守るために大きな役割を演じる一方，「学校裏サイト」の登場などにより，いじめの問題を変質させる役割をも演じた。

① 「携帯電話」は単なる電話ではない

　私は昔話にふけるほど年を取っているわけではありません。しかし，その一方で，私は原清治の言葉を借りれば「携帯電話ネイティブ」ではありません。それどころか30代半ばに入ってから持つようになったのです。すっかり携帯電話が普及し定着した後に，おそるおそる，あるいは渋々手にした，完全な「携帯電話イミグラント」です。ところが今の大学生には小中学生の頃から持っていたという者が多いようです。そこで，ここでは，個人的な経験をもとにした世代間比較を通して議論したいと考えます。

　携帯電話ネイティブでない者の中には，「携帯電話は基本的に電話だ」という誤った認識を持った方が非常に多いように感じます。もちろん，携

帯電話は電話ではありますが，単なる電話ではありません。むしろ諸機能のうちのごく一つが通話機能であるというにすぎません。電話よりもむしろ，メールやインターネットなどの道具として使用するというのが若者の感覚でしょう。

　ところで，電話はもちろん，話し言葉で話し相手に話しかけるものですが，メールは書き言葉で送信相手に意思や用件を伝えるものです。インターネットのブログなどになると，書き言葉で特定多数ないしは不特定多数に感想や意見などを伝えるものです。これら三機能の間で，その影響力の範囲は格段に異なります。

　私が高校生くらいの頃は遠方の友人と長く通話すると，親が気にしたものでした。電話は一家に1台が基本で，たいがい居間にありましたから，親兄弟の前でしゃべらざるを得ないし，長々としゃべるための道具ではありませんでした。また人目を気にしながら話す以上，話題も自ずと限定されました。通話面だけとっても携帯電話は，これとは格段に状況が異なります。相手にその気があるなら，いつでもどこでも誰とでも通信できるというのが携帯電話であり，たとえ海外にいても（所定の料金さえ払えるなら）何の苦もなく通話できます。加納寛子が『即レス症候群の子どもたち—ケータイ・ネット指導の進め方—』（2009）で述べているとおり，若者の間で，防水機能付きの携帯電話がはやっているということです。なぜなら入浴中も携帯電話を手放さないからです。昔の黒電話は家族全員のものでした。また，重くてコード付きでしたから，個室や，ましてトイレや風呂に持ち込むことなどあり得ませんでした。現在は，TPOを全くわきまえず，話したいだけ話す者が少なくはないということのようです。電車のなかでも周囲に他者がいないかのように，プライベートな話題を大声でしゃべっている若者に出くわすと辟易します。

　また，加納の著書にも描かれていますが，一年365日，24時間携帯電話を手放せない，モバイル中毒（いわゆる「モバチュー」）の若者が少なくありません。ベッドの中でも入浴中でも食事中でも授業中でも，ずっといじっている者がいるのです。しかも，5分ルールだの，15分ルールだの，メールにはすぐ返信を書かねばなりません。書かねば絶交されるとあって

は，もはや，強迫観念の世界です。加納のいう「即レス中毒」です。

❷ いじめと携帯電話

　ただ，こういう問題には小中学生，高校生だけではなく，大学生や大人も，つまり年齢に関係なく多くの方が関わっているともいえます。実は私の勤務先のある部局で実に陰湿なネットいじめがありました。社会人を含む大学院生がやっていたというから驚きです。というより関係者のはしくれの一人として恥じ入るばかりです。いじめの標的にされた当人は退学を余儀なくされました。ネットを開いてみると，実名攻撃＆集中砲火で，読むのもおぞましい罵詈雑言が連ねてありました。ただこのケースなどは，単なるネットによるいじめというのではなく，いわゆる「集団ストーカー」にも似た状況だったようです。つまり，ネットによるいじめだけではなく，教室現場でのリアルないじめと，ネットでのバーチャルないじめとが結びついて，標的の当人は気の休まる時がなかったことと思います。

　思えば1980年代からいじめは社会問題化してきたわけですが，いじめと一言にいっても，学校裏サイト登場以前と登場以後のいじめはずいぶん違います。ネットいじめが顕在化する以前は，いじめている人間が，クラスの誰か特定できるとか，少なくとも顔の見える範囲内にいました。そしていじめといっても365日24時間続くわけではなく，自宅に帰ればひとまずいじめからは解放されたわけです。特に高校になり，通学距離・時間が長くなり，生徒の住居が散在するようになると，休日は物理的にも距離ができ，少しの間にせよ一人きりになれたわけです。誤解のないように念を押していっておきますが，「だから良かった」といっているわけではありません。

　ところがネットいじめはけっして当人を解放してくれません。家に帰ってほっと一息つき，携帯電話のサイトを開くと自分の悪口がどんどん書き込まれている。変なメールが送り込まれてくる。気が休まらないわけです。いじめがずっと続いているからです。夜も休日も……。そして学校へ行くといつものリアルないじめが再び続く……。これはまさしく「生き地獄」です。ネットいじめと教室でのいじめが結びついて，加速度的に当人を追

い詰めていくことになるのでしょう。

　もちろん，携帯電話の問題はいじめにとどまりません。さまざまな若者に関わる問題を引き起こす，あるいは火に油を注ぐようなツールとなっています。たとえば Xvideos とか Your File Host というサイトがあります。アダルトムービーを満載したサイトのようです。投稿されたムービーの題だけを見ていても，普段ネットをあまり使用しない大人たちは仰天するでしょう。そのアダルトムービーに高校生が登場するのは当たり前，中学生，小学生や幼女まで登場して，援助交際だの，レイプだの，アブノーマルな性交だの，なんでもありというわけです。援助交際の中学生（大抵は JC とか中●生とかとぼかしていますが）云々と銘打って出てくるものも多く，もしやらせでなく本当にそうであるなら，児童ポルノ禁止法はじめ関連諸法に抵触するのは間違いないでしょう。そういった動画はプロバイダーなどによって自主的に削除されますが，その一方で，どんどん投稿され，一掃されることはありません。そして四六時中携帯電話をいじっている子どもたちはその動画をみたり，また触発されて自分のものを撮影して投稿したりするということであれば，携帯電話は実に危険な道具にもなるわけです。

　私の子どもをみていても，携帯電話というのは，小中学生にとっては「おもちゃ」のようなもので，友だちとの通信，ゲーム，サイト検索，電卓，電子辞書，ナビ，アラーム，カメラ，ビデオなど多様なものがコンパクトに収められた，まさしくオール・イン・ワンの手軽で便利なものです。一人になったときの暇つぶしには，携帯電話一台あれば，ことたります。しかし，多くの相手とのコミュニケーションに参加したいときにも携帯電話は大いに活躍します。そしてその多くの相手というのは，不特定多数ということでもあり，望ましくない相手も当然含まれます。知らずにそういう人とコミュニケーションを取り，ずるずるととんでもない道に引きずり込まれるケースも少なくないようです。

　また，門倉貴史の『セックス格差社会—「恋愛貧者」「結婚難民」はなぜ増えるのか？—』（2008）によれば，小学校高学年から中学生までのジュニアアイドルの動画（児童ポルノすれすれのものもある）配信などにも携帯電話は大きな役割を果たしているようです。ジュニアアイドルに限らず，

チャイドル，ホモドルなどさまざまな分野でも携帯電話は小道具として，一役買っているというわけです。もちろん一般のＰＣからのアクセスも多いのでしょうが，子どもたちが携帯電話を持つことによって広がっている面が大きいのではないのでしょうか。

　子どもたちだけでなく，例えば薬物の売買，ＡＶへの出演（男子学生のゲイビデオへの出演）など，関西を中心に大学生の不祥事が相次ぐこの頃ですが，携帯電話がその通信道具として大きな役割を演じています。ごく一部の人だけが関わるはずの特殊な世界が，誰にでもアクセス可能な世界に変わったというわけです。またかつて京都教育大学で大きな問題が生じたときも，事件後のブログへの書き込みを巡ってさらに問題が大きくなったことは周知の通りです。

　ところで，冒頭で述べたことと少し矛盾する面はありますが，このように多機能的な携帯電話も，メールにせよ，ネットにせよ，電話にせよ，他者とのコミュニケーションの道具としての側面が大きいことは否めません。四六時中携帯電話をはなせず，ガチガチいじっている若者たちはある意味孤独で，絶えず他者につながって何かやりとりをしていないと不安なのでしょう。

　ただ，ネットでつながる人々を「疑似コミュニティ」と称する人がいますけれども，私の理解ではコミュニティとは，ただ単に人と人とが無機的な文字で書かれたメールのやりとりをするようなものではありません。リスペクトとシンパシー，この２つを欠いた世界はコミュニティではないと考えます。携帯電話のコミュニケーション機能で作られる「疑似コミュニティ」なるものには年長の者，目上の者への敬意を欠き，また他方弱者をはじめとする他者への攻撃も頻繁にみられ，リスペクトやシンパシーに欠けた世界のようです。良識をもって振る舞っている人々ももちろん多いのですが，対面のコミュニケーションと比べて，ストレートに，しかも増幅された形で喜怒哀楽を伝えてしまうということになりがちです。平凡なメッセージでは，山のような他者のメッセージに埋もれてしまうということもあるのでしょうが，これは「疑似コミュニティ」に特有のコミュニケーション問題ではないかと考えます。この点について，次節で考察します。

❸ 社会的距離の取り方と携帯電話

　社会的スキルや近年はやりの「学士力」という概念との関係で見ますと，携帯電話ネイティブの世代は，社会的距離の取り方をよくわかっていないという指摘がよく見られます。親兄弟や親友のようにごく近くまで心身ともに接近できる相手と，単なる知り合い，顔見知り，取引先のごく限られた領域のコミュニケーションしか取る必要がなく，限定的にしか心身ともに接近を必要としない相手とがいます。私自身，社会的距離の取り方があまりにも下手なので，偉そうにいえませんが，子どもの頃，何よりも学ぶべきことは社会的距離の取り方，はかり方ではないかと考えます。そして社会的距離に応じた言葉遣い，礼儀作法などがあるはずであり，相手との距離の取り方を考えて，それに応じた言葉遣い，礼儀作法をとることができる能力は，現代社会では非常に重要な能力の一つでしょう。よく言われる対人関係能力，コミュニケーション能力も，この社会的距離をいかに的確にはかれるかによるわけです。

　われわれ携帯電話ネイティブでない世代には，小さい頃から兄弟や友だちに揉まれて，社会的距離の取り方を学んだものですが，今の携帯電話ネイティブ世代は等身大の生身の人間と接するだけでなく，携帯電話で「いつでも連絡を取ることができる」関係を結び，またなかなか普段は話をできない偉い人たち，有名人に気軽にメールを送ることもできます。

　また偉い人たちや有名人のブログへの書き込みをすることには特別な努力はいりません。手紙の時の言葉遣い，電話の時の言葉遣い，こういうことについても私自身，親から「○○という言葉は失礼」，「××という表現を使いなさい」と細かく注意されてきました。電話にしろ，手紙にしろ，社会的距離に応じて言葉遣いが異なるわけです。しかし，現代の携帯電話やメール，ブログはこういった長年の慣習や礼儀のあり方に大きな変更を迫るようです。返事の内容よりも返事に時間がかかる方が失礼ということのようです。いわゆる「即レス」の反対で「亀レス」です。

　相手との身体的，心理的，社会的，言語的な距離の取り方，振る舞い方というのは，国家や社会，地域によって異なるものです。技術とかスキル

とかいうと表層的なもののように誤解する向きもありましょうが，もっと深いものです。文化であると言い換えても良いでしょう。携帯電話の使用による社会的距離の取り方の大きな変化は，大袈裟にいえば文化の変容を迫るものでもあるのでしょう。

　このような問題を考えるときに大いに参考になる理論として，長きにわたる盟友，原清治のいう「真夜中のラブレター理論」なる理論があります。原と私の共著『学力論争とはなんだったのか』から引用します。

　　真夜中に好きな人への思いを手紙に書いて，朝読んでみると，とても恥ずかしくて渡せなくなるといった経験はありませんでしょうか。深夜という静かで誰にも邪魔されないひとりの世界の中で書いたラブレターには，それに込められた思いがとても大きくなるからです。これは私の勝手な造語ですが，「真夜中のラブレター理論」とでもいえばいいのでしょうか。自分の世界に入り込んでしまうと，周りがみえなくなって思いばかりが先行してしまうのです。

　　インターネットもそれと同じで，相手の顔をみてなら絶対いえないことが，相手の顔をみないですむだけに，その気持ちがどんどん大きくなってしまうのです。人間同士の会話では，その「行間」を読むことで，言葉だけでは伝わらない気持ちを，相手の表情やしぐさなどから読みとることができます。少なくとも相手の顔をみていれば，行間を読みながらコミュニケーションが形成できるのです。とくに日本人は，その行間を読むことがとても好きな人種です。欧米では，「愛している」などといった自分の感情を，つねに相手に向けて言葉で表現します。それに対して日本人は，「俺の目をみろ，何もいうな」という独特の文化をもっているのです。それは，察することに重きを置いて，黙することを身上としたものであります。こうした文化はとても美しいのですが，それは，その人が目の前にいることが少なくとも前提となるのです。しかし，ネット社会では，両者の間に介在するのは言葉だけになってしまいます。その意味で，日本人はネット社会にはもっとももろい人種であるといえるでしょう。

　原のこの議論は非常にわかりやすいものであります。即時的な反応を見つめ直して冷静なものに練り直してから他者に発信するという文化が，携帯電話や電子メールの普及により，即時的な反応（内省によって練り直されないむき出しの反応）がそのまま相手に伝えられることになります。それが往々にして不幸な結果を呼ぶことになるわけです。

　つまり，即時的に反応するから，必要以上に攻撃的になり，喧嘩をあおり立てることになることも多くなります。直接膝を突き合わせて目を交えて話し合えばうまくいったかもしれないコミュニケーションも，PC上の文字だけで相手を判断し，攻撃的な言葉にはより攻撃的な言葉で返してしまいます。原のラブレター理論とは逆で，送る前に恥ずかしいと思うのではなく，送ってから「しまった」と思うのです。冷静になって，自分を見つめ直す時間がないままに，次から次へと感情のおもむくままにメールを送信して相手を攻撃してしまうのです。これは若者だけの問題ではありません。大人もお年寄りも共通の問題です。携帯電話ネイティブの世代は，この種の社会的距離の取り方，距離に応じたコミュニケーションのはかり方ができないと言っているわけではありません。できる人もいます。しかし，社会の変化のゆえか，小道具の発達のゆえかは別として，さまざまな社会調査の結果を見ると，他者とのコミュニケーションを苦手とする人の割合が高まっているようです。携帯電話によって疑似コミュニケーションは盛んになるでしょうが，真のコミュニケーションはおざなりになるのかもしれません。そしてその真のコミュニケーションの能力こそが，現代社会において求められるもっとも必要な社会的能力の一つなのでしょう。

補論　滋賀県大津市のいじめ自殺事件について

　ところで，先年，大きな話題になった滋賀県大津市のいじめ自殺事件についてですが，報道で見る限りこの事件はネットいじめが主ではなく対面的な行為が根幹にあるようです。まだ，全貌があますところなく明らかになったとはいえないかもしれません。とはいえ，ネットいじめを含むいじめ問題一般について示唆されることが2点あります。

　一つには，教育委員会とは何か，ということです。いじめ問題に限らず

子どもの教育に対しては，しばしば「児童・生徒，学校，地域社会が一体になって取り組むべき」という声を耳にします。しかし，今回，大津市の教育委員会が大きくクローズアップされました。教育委員会とは，地方自治法及び地方教育行政法に基づき，首長によって任命された教育委員によって構成される委員会で，学識経験者，地域の代表者，保護者，教育関係者などからなりたちます。この委員会には，教育長（教育委員長ではありません）が含まれます。教育長はあくまでも一委員ですが，事務局のトップです。しかし，今回の騒動でも澤村憲次教育長が前面に出てきており，教育委員長は出てきておりません。また第三者委員会の設置を求める声があり，設置されました。しかし，そもそも教育委員会が第三者委員会的な組織であり，学校をめぐる諸問題について現場に適切なアドバイスをするのが本来の姿なのではないでしょうか。

　2つには，従来の「いじめ」論の見直しが必要なのではないのか，ということです。「いじめ」論においては，対面的暴力や恐喝等の犯罪を含む「暴力型いじめ」とコミュニケーションの輪から外したり一人をなぶったりする「コミュニケーション型いじめ」との2つに大別され，コミュニケーション・ツールの発達により，「暴力型いじめ」から「コミュニケーション型いじめ」への移行が起こるのだといわれてきました。確かに，ここ数年新聞やTVの報道を見る限り，そのように見えていました。しかしながら，旧来の「暴力型いじめ」は，相も変わらず生き残っていることを今回の大津市の事件，あるいはそれに続いた一連の事件はまざまざと見せつけました。これらのいじめにおいて「コミュニケーション型いじめ」の要素も見られますが，メインは「暴力型いじめ」です。また，「暴力型いじめ」でも旧来の「排除型―つまり特定個人を排除する―」から「飼育型―グループ内で飼い慣らしたままいじめる―」へと移行しているようです。「飼育型」の場合「いじめ」と「いじり」の判別が外からはつきにくく，これが発見・対処の遅れにつながります。今回の一連の騒動が終焉する頃には，新たな観点からの「いじめ」論が構築され，現場にフィードバックされ，有効ないじめ抑止，防止につながることを願ってやみません。

引用・参考文献

- 門倉貴史（2008）『セックス格差社会―「恋愛貧者」「結婚難民」はなぜ増えるのか？―』宝島社
- 加納寛子（2008）『ネットジェネレーションのための情報リテラシー＆情報モラル―ネット犯罪・ネットいじめ・学校裏サイト―』大学教育出版
- 加納寛子（2009）『即レス症候群の子どもたち―ケータイ・ネット指導の進め方―』日本標準
- 渋井哲也（2008）『学校裏サイト―深化するネットいじめ―』晋遊舎
- 下田博次（2008）『学校裏サイト―ケータイ無法地帯から子どもを救う方法―』東洋経済新報社
- 安川雅史（2008）『「学校裏サイト」からわが子を守る！』中経出版
- 山内乾史・原清治（2005）『学力論争とはなんだったのか』ミネルヴァ書房
- 『児童心理』（特集　子供のケンカ）金子書房，2009 年 9 月号

課題

❶ 携帯電話の登場によりいじめの形態はどのように
変化したのか，説明してください。
❷ 携帯電話で創られるバーチャルな世界＝疑似コミュ
ニティの性質について説明してください。
❸ 携帯電話の普及と社会的コミュニケーション・ス
キルとの関係について説明してください。

ディスカッション

携帯電話で創られるバーチャルな世界＝疑似コミュニティ
とリアルな世界とはどのように関係しているのでしょう
か。考えてみよう。

〈MEMO〉

第1章

第2章

第3章

第4章

第5章

第6章

第7章

附録

第**6**章

若い世代のネット感覚に ついての考察

キーワード　いじめ，スマートフォン，キャラ，学力

☞ 要旨

　2010 年ごろからスマートフォンが登場，急速に普及し，今や，子どもたちも持っているのが珍しくはない。従来の携帯電話と比べて，インターネット機能が飛躍的に強化され，各種の SNS（social networking service）を通じて子どもたちはつながるが，他方，それがいじめの温床にもなっている。

❶「本当の自分」とは

　冒頭からいきなり雑談めいて恐縮ですが，私は子どものころ江戸川乱歩の少年探偵団シリーズが大好きでした。そして怪人二十面相について，第一作『怪人二十面相』（現在は『江戸川乱歩全集第 10 巻』［光文社，2003 年］等で読めます）の冒頭に「賊自身でも，本当の顔を忘れてしまっているのかもしれません」とあったのが，強い違和感を伴って記憶に残っています。「すべての化粧やメークアップ，虚飾を落とせば素顔はおのずと現れるではないか，自分の素顔を忘れるとはどういうことか」と考えていたのです。

　さて，二十面相の話が本題とどう関係があるのか。それには後ほど言及しましょう。

　原清治と私が『ネットいじめはなぜ「痛い」のか』（ミネルヴァ書房，2011 年）を刊行したとき，ちょうどスマートフォンが初めて世に出たころでした。このころ授業時間中にネットでの人間関係の問題を取り上げ，学

生と議論しました。その結果，当時の学生の持つ人間関係観と私の人間関係観とに大きな溝があることに気づきました。当時の学生たちは，リアルな世界の友人関係とバーチャルな世界（ネット上の世界）の友人関係を巧みに使い分けていました。当時も今と同様，リアルな世界において，学生たちは皆「キャラ」を演じていたわけです。グループからはみでないように，自分に割り振られたキャラを演じるわけです。

　先日，重松清原作『ファミレス』を基にした映画，阿部寛と天海祐希による『恋妻家宮本』をみました。その中で中学教師である宮本陽平（阿部寛）が担任しているクラスの男子，井上克也（浦上晟周）が自虐的なネタでおどけて「盛り上げキャラ」を演じているのですが，担任の陽平は克也が無理して演じているのをとっくに見抜き，「無理しなくてもいいぞ」といたわるシーンが出てきます。この井上克也のケースは典型的なケースです。あまりにも合わない無理なキャラを演じることは難しいでしょうが，しかしあくまでも「演じる」＝つまり，本当の自分ではないというわけです。本当の自分ではない「自分」を演じ続けることに疲れてしまうこともあります。また似たようなキャラの人物がグループに入ってくると，「キャラがかぶる」ことになり，居場所を失うこともあり得ます。

　「リアルな世界の［自分］が本当の［自分］ではない」…形容矛盾のような気もしますが，それでは「本当の自分」はどこにあるのでしょうか？当時，それは，ネット上のバーチャルな世界にあるということでした。つまり，ネット上のバーチャルな世界こそが，キャラを演じないで，「ありのままの自分」，「本当の自分」をさらけだして語れる場である…ということです。

　当時の学生の，バーチャルな世界に対する感覚は，われわれの世代には理解しがたいものでした。当時の学生にとっては，「本当の自分」を受け入れてくれる人間こそ，真の友人＝「親友」，「心友」，「真友」であるというわけです。われわれの世代の感覚と全く逆なのは，バーチャルな世界でこそ，「本当の自分」を受け入れてくれる真の友人ができるという感覚です。当時の学生の中には，Facebook にしろ，Twitter にしろ，本名でとったアカウントにおいてはリアルな世界同様に「キャラ」を演じ，他方，ハ

ンドルネームでとったアカウントにおいては「本当の自分」をさらけ出すという逆転現象が多くみられました。

　われわれの世代にとってはバーチャルな世界はリアルな世界の補完物であって逆ではないのですが，当時の学生たちの感覚は全く異なっていたわけです。それどころか，バーチャルな世界で，趣味の話か恋バナかで盛り上がった見知らぬ相手（ハンドルネームしか知らない相手）と「こんなに気が合うなら，それではどこかで会いましょう」と対面し，リアルな世界でも友人になっていくということも珍しくなかったようです。

　もちろん，当時もすべての学生がこのようなタイプだったわけではありません。バーチャルな世界でも複数のキャラを演じ，「ハンドルネーム○○では××キャラ，☆☆では△△キャラ…」と，ハンドルネームによって演じるキャラを使い分け，縦横無尽にバーチャルな世界を駆け巡る学生も少なからずいました。

　しかし，前述のようなバーチャルな世界でこそ「本当の自分」をさらけ出し，真の友人ができると考える学生も多かったわけです。そして，当然のことながら，このような考え方にはかなりの危険＝ネット上のさまざまな悪意ある罠に陥る危険が潜みます。

　「真の友人」をもとめてさ迷い歩く若者たち…そういった格好のカモたちを待ち受ける「ビジネス」が成り立ったわけです。悪質な出会い系サイト，詐欺サイトなどもその一つでしょう。バーチャルな世界だから性別さえも隠そう，偽ろうと思えば簡単にできます。男性でも「可憐な女性」というキャラを演じて，男子学生をその気にさせて，さんざん貢がせるというのは可能ですし，そんなのは序の口です。「真の友人」との出会いもあり得ましょうが，大いなる危険も同居しているわけです。

　当時の私は，今後，ICT化がどんどん進んでいくと，世代間ギャップがどんどん広がっていって10年後，20年後には，さらにとんでもない若者が登場してくるのではないか，と危惧していました。

❷ 現代の若者のネット感覚

　しかし，現在の学生は違うようです。2010年前後の大学生世代とはまっ

たく異なるようです。わずか5〜7年しか経過していないにもかかわらず，根本的に異なるネット感覚を有するようです。どのような感覚か？　われわれの世代と同様の感覚です。つまりリアルな世界での友人関係がバーチャルな世界の友人関係でもあるということです。つまり，リアルな世界の友人関係をバーチャルな世界でもマネージメントしているということなのでしょう。LINEはその格好のツールなのでしょう。バーチャルな世界の友人関係とリアルな世界の友人関係は別物ではないわけです。バーチャルな世界で出会った人にネット上で友達申請するのは危険という感覚をわれわれの世代同様共有しているようです。

　さて，ここで考えたいことは「『キャラ』とは何か」ということです。冒頭の怪人二十面相の話に戻って考えてみましょう。素顔なら，すべての化粧，メークアップ，虚飾を落とせば現れるでしょう。しかし「本当の自分」とは何でしょうか。

　ひところ，TV番組で若い未婚の女性に「理想の男性は？」と尋ねると「ありのままの自分を受け入れてくれる人」という答えがよく聞かれました。「本当の自分」，「ありのままの自分」という「自分」が，いろいろ生きていくため，働いていくために「衣装」を身に付けて「偽りの自分」になっている…ということなのでしょうか。

　そして「自分の思ったことを偽らずに表現できる＝純粋」ということなのでしょうか？　純粋な子どもは成長するにつれて，徐々にいろいろな「衣装」を身にまとい，「本当の自分から離れていく」ということなのでしょうか？　そして，いろいろな「衣装」をまとって「自分自身でも本当の自分を忘れてしまっている―ちょうど二十面相のように―」ということなのでしょうか。

　さて，社会学には「社会化」という概念があります。社会学における最重要概念の一つです。この概念は，ごくおおざっぱにいえば，新規参入者が当該集団・組織や社会の価値規範などを身体化するということです。例えば，日本で生まれた子どもが，家庭でのしつけを受け，地域社会や学校でさまざまな教育を受けていくなかで，徐々に日本的なものの考え方，価値規範など文化になじんでいくわけです。家庭でも学校でも同様です。そ

してそこで与えられた役割，期待される役割をこなして生活していくわけです。さまざまな役割があります。長男としての役割，給食係としての役割，野球部主将としての役割…などなどです。当然のことながら，「社会化」は自分が「不純」な存在になっていくプロセスということではなく，「大人になる」ということであり，成長ということであるわけです。

　もともと人間は生まれ落ちた時点ではヒト科の「ヒト」にすぎません。「ヒト」が「人間」になるには人間社会で，「人の間」でもまれて「社会化」されることが必要であるわけです。人間の発達に関して論じる際によく引き合いに出される「アヴェロンの野生児」，「アマラ，カマラ」，「カスパー・ハウザー」など数々の事例は，「社会化」が「人間」になるための必須のプロセスであることを示すのであって，決してそれ自体ネガティブなイメージを持ち合わせているわけではありません。

　それでは，社会化という概念は「キャラ」を演じることとは，どう異なるのでしょうか。キャラにも「いじられキャラ」，「いじりキャラ」，「まじめキャラ」などさまざまなキャラがあります。ネガティブなものには「うざキャラ」などもあります。が，集団の中で「与えられた役割」を演じるという点では大きく異ならないのではないでしょうか。実際に，「優等生キャラ」，「委員長キャラ」など社会的役割に応じたキャラというものがあります。もちろん，「キャラ」はあくまでも仮面であり，取り外し可能であるけれども，「社会化」で「与えられた役割」を演じるというのは着脱不可能な「肉付きの仮面」と化しているという違いはあるでしょうけれども…。

　さて，こういったキャラを離れて，虚飾を落としきった「本当の自分」とは何なのでしょうか。本章での重要な問いは「キャラ」とは何か。そしてキャラを離れた「本当の自分」とは何か。ということです。本章で特に問いたいのは，学級を単位にしてみた場合，どういう生徒がいじめ（ネットいじめを含む）の対象になりやすいのか。ということです。「いじめの対象になりやすい」特性と「キャラ」はどのように関連するのかということを検討したいと考えます。

　ちなみに「いじり」と「いじめ」がどう違うのかについては2017年4月に考えさせられる事件が起きました。お笑いコンビであるキングコング

の一人，西野亮廣が情報番組の取材を受けた際の出来事です。インタビュー途中にその番組ディレクター（西野とは一面識もない）から「今日の服装は意識高い系ですかぁ？」，「プペル，値段高くないですか？」，「印税独り占めですか？」，「ていうか，返し，普通ですね」等の非礼な質問・コメントを浴びせられ，西野が激怒してインタビュー途中にもかかわらず退席したという事件です。

　西野はブログで「部室に，信頼関係が築けていない後輩を呼び出して，皆の前でパンツを脱がせて『イジってやってんだから，ちゃんとリアクションとれよ』というのは"イジメ"です」と述べ，「信頼関係のない相手のいじりはいじめ」と名言を残しました。

　いじりといじめの違いには，客観的・絶対的・科学的な差異があるわけではないということです。つまり，いじりであるか，いじめであるかは，当事者の人間関係に依存するということです。同じことをしても，誰が誰に対してしたかによって，いじりになることもあり，いじめになることもありうるということです。この考え方は各種ハラスメントと類似しています。そして，信頼関係がある場合でも，一方がいじりと考えてしたことが，他方からはいじめと受け取られるということもありうるでしょう。そのようなことが続くと両者の間の信頼関係は崩壊し，いじりといじめの境界線も変化することになるのでしょう。

❸ いじめの社会問題化─「排除」から「飼育」へ─

　ここで本題から少しそれるように思われるかもしれませんが，いじめが社会問題化してきた歴史を振り返り，ネットいじめの特質をあぶり出したいと考えます。

　いじめ問題が社会問題化したのは 1980 年代半ばです。ちなみに，東京都町田市で 1983 年に有名な忠生中学校傷害事件が起きています。生徒の度重なる暴力に耐えかねた教師が所持していた果物ナイフで生徒に切りつけた事件です。また同年にこれも有名な戸塚ヨットスクール事件が起きています。不登校児に合宿形式で厳しい指導を行っていたところ，死者が出たり，行方不明になるものが出たりして，マスメディアで大きく取り上げ

られました。学校・教育と暴力の関係について世論が沸き立っていました。1984年には，これも有名な大産大高事件（p.61参照）が起きます。同校1年の生徒が殺害されました。犯人は被害生徒の同級生2人でした。被害生徒は加害生徒に凄惨ないじめを日常的に行っていました。暴力，カツアゲに加えて，教室内で授業中に自慰行為を強いるなどひどいいじめでした。他の生徒も見てみぬふりをし，あるいははやし立て，学校側もいじめがあることをある程度把握していたが，いじめをやめさせることができなかったと言われています。これがいじめの社会問題化，すなわち，生徒個人間のトラブルではなく，学校という場で起こり，教室にいる生徒や教師が「傍観者」，ないしは「観衆」になっているという構造的な問題として認識されるようになるはしりの事件でした。

　そしていじめの社会問題性がより広く知られるようになったのは1986年の東京都中野区にある中野富士見中学校いじめ自殺事件がきっかけと考えられます。この事件は鹿川君事件，葬式ごっこ事件とも呼ばれます。中学2年生の男子生徒がいじめを苦に自殺したものですが，その直接の引き金になったのが担任教師を含む4名の教師も参加した葬式ごっこであり，教師4名とクラスの同級生全員が「鹿川君さようなら」「死んでおめでとう」と寄せ書きを行ったのです。その後1994年に，愛知県西尾市で，これも有名な東部中学校いじめ自殺事件が起きます。この事件は大河内君事件とも呼ばれ，いじめが金品の巻き上げなど，悪質化し，陰湿化していることが世間に大きな衝撃を与えました。

　詳細は省くとして，この時期，まだインターネットは使われておらず，いじめも極めてクラシックな形態にとどまっていました。すなわち集団で特定少数の生徒を排除して，いじめる，あるいは暴力・カツアゲ等の方法でいじめるという形態が主流だったわけです。「排除」型，「暴力」型のいじめです。念のために申し添えておきますが，この分類は一般的に広く使われるもので，私が考案したものではありません。

　その後いじめの方法はエスカレートしていきますが，他方，21世紀に入ってから子どもたちの間で携帯電話（ガラケー）が徐々に広がり，さらに2010年代になってからスマートフォンやタブレットの所持率も高まって

くるなかで新たないじめの形態が登場してきます。それを象徴するのが滋賀県大津市いじめ自殺事件（p.105参照）でした。LINE等のSNSを使用して友人関係のメンテナンスに励むようになる時代風潮を反映して、「飼育」型、「コミュニケーション」型という前述のタイプとは別のタイプのいじめが登場してくるわけです。ガラケーのころからネットいじめは見られたわけですが、2010年代に入ってからスマートフォンが急速に普及します。またほぼ同時期にLINE等のコミュニケーション・ツールが急速に普及し始めます。

❹ 学力移動といじめ

ここで本章の中心になる学力移動という概念について説明しておきましょう。これは原清治と私が考えた概念で「相対的な学力」に関するものです。

今、よく話題に上るPISAテスト、TIMSSテストはいずれも国際的な学力テストであり、点数によって測られ、日本の順位が上がったとか下がったとか話題になるわけです。これは「絶対的な学力」に関するものです。それに対して「相対的な学力」とは、得点ではなく、クラス内での位置を意味します。テストで一定の得点、例えば70点を取ったとしましょう。クラスで自分以外の生徒がすべて70点を越える得点を取っていれば最下位です。またクラスの平均点がちょうど70点であれば、中間に位置することになります。またクラスの自分以外の生徒がすべて70点未満であれば最上位です。このように、同一の得点でも、他の生徒の得点によって、クラス内での位置づけは変化します。

ここに掲げる表6-1〜表6-6においては、いずれも自由度8で、0.1%水準で有意です。

まず、表6-1を見ると、高等学校でのネットいじめ発生率は中学時代の成績が「下」と答えた生徒に起こりやすい現象であると指摘できるといえます。ネットいじめには単発のものと繰り返し行われるものがありますが、単発のものに限定すると、高等学校でのネットいじめ発生率については、それに加えて、高等学校での成績が「下」と答えた生徒にも増えていることがわかります。

表 6-1　学力移動のパターンと高等学校でのネットいじめの発生率

		高校成績		
		上	中	下
中学成績	上	4.1	3.9	5.0
		(315/7743)	(273/7067)	(389/7819)
	中	4.7	4.3	5.8
		(151/3202)	(372/8631)	(303/5238)
	下	7.7	6.1	7.6
		(199/2594)	(206/3380)	(645/8520)

χ^2=197.548　df=8　p<0.001

　いずれにせよ，高等学校での成績よりも中学時代の成績において，規定力が大きいように見えるのは興味深い傾向です。

　表 6-2 と表 6-3 は LINE 中傷によるいじめと Twitter 中傷によるいじめの発生率を学力移動の観点から見たものです。LINE 中傷によるいじめは相対的学力が「上昇」もしくは「下降」した生徒に多く見られることが指摘できます。一方で，Twitter 中傷によるいじめについては，相対的学力が「下降」した生徒に多く発生していることが指摘できます。

　学力移動を経験する生徒というのは，すなわち仲間内での「キャラ」の

表 6-2　学力移動のパターンと高等学校での LINE 中傷によるいじめの発生率

		高校成績		
		上	中	下
中学成績	上	37.8	40.3	44.5
		(119/315)	(110/273)	(173/389)
	中	35.8	38.7	36.0
		(54/151)	(144/372)	(109/303)
	下	42.2	44.7	40.6
		(84/199)	(92/206)	(262/645)

χ^2=67.829　df=8　p<0.001

表 6-3　学力移動のパターンと高等学校での Twitter 中傷によるいじめの発生率

		高校成績		
		上	中	下
中学成績	上	51.7	54.9	55.3
		(163/315)	(150/273)	(215/389)
	中	53.6	58.1	57.8
		(81/151)	(216/372)	(175/303)
	下	50.3	52.9	50.1
		(100/199)	(109/206)	(323/645)

χ^2=49.957　df=8　p<0.001

変更を余儀なくされる生徒を指します。「相対的学力の変化＝学力移動による『キャラ』の変更」がいじめにつながるという仮説がここから生まれてきます。

　表 6-4 から表 6-6 は，高校階層偏差値ごとに学力移動の観点からネットいじめ発生率を見たものです。学力下位層での発生率は総じて高くなっています。

　ただ細かく検討すると，高校階層偏差値下位校で，学力が「上昇」「下降」した生徒にネットいじめの発生率が高いといえます。一方で，高校階層偏差値上位校での発生率を見ると，学力が「下」から「上」に移動した生徒（14.3％）の発生率が非常に高くなっています。大まかな学力移動のパターンだけではなく，高校階層偏差値ごとにどの学力移動のパターンにおいてネットいじめの発生率が高いかが異なるというわけです。例えば中学校時代優秀だったけれども，背伸びして高校階層偏差値上位校に入り，そこでは下位に位置する生徒，あるいは中学時代成績はパッとしなかったけれども，高校階層偏差値下位校に入り，そこでは優等生になってしまった生徒に対してネットいじめが発生しやすいということです。これらはクラス内でのキャラ名の変更を伴うものと推察されます。

　以上，学力移動のパターンがネットいじめの発生率に関連するということが示唆されているわけです。これは「キャラ」の変更を余儀なくされる

表6-4 学力移動のパターンと高等学校でのネットいじめの発生率（高校階層偏差値40以下）

		高校成績		
		上	中	下
中学成績	上	9.9	15.7	12.5
		(26/263)	(14/89)	(9/72)
	中	5.8	6.5	16.0
		(20/343)	(36/556)	(35/219)
	下	9.3	9.0	10.8
		(70/754)	(77/853)	(163/1516)

χ^2=29.316　df=8　p<0.001

表6-5 学力移動のパターンと高等学校でのネットいじめの発生率（高校階層偏差値51〜55）

		高校成績		
		上	中	下
中学成績	上	4.2	3.8	6.2
		(69/1164)	(53/1378)	(76/1218)
	中	5.5	6.4	5.3
		(38/695)	(96/2199)	(76/1435)
	下	8.0	6.5	6.8
		(25/311)	(27/417)	(94/1381)

χ^2=28.129　df=8　p<0.001

表6-6 学力移動のパターンと高等学校でのネットいじめの発生率（高校階層偏差値66以上）

		高校成績		
		上	中	下
中学成績	上	2.3	2.5	3.0
		(28/1217)	(39/1561)	(68/2288)
	中	5.8	2.9	2.6
		(6/103)	(14/475)	(8/311)
	下	14.3	4.5	6.3
		(12/84)	(5/110)	(35/556)

χ^2=59.869　df=8　p<0.001

ということと関連しているように推察されます。この点についてはさらに今後分析を深めていく予定です。

引用・参考文献

- 尾木直樹（2013）『いじめ問題をどう克服するか』岩波新書
- 柿沼昌芳・永野恒雄編（2002）『学校の中の事件と犯罪―戦後教育の検証―（Ⅰ）1945〜1985』批評社
- 土井隆義（2014）『つながりを煽られる子どもたち―ネット依存といじめ問題を考える―』岩波書店

課題

❶ 「本当の自分」と仲間内で演じる「キャラ」とはどういう関係にあるのか，説明してください。

❷ ここ 10 年ほどの間に若い世代のネット感覚はどのように変化したのか，説明してください。

❸ 学力といじめ問題との関係について説明してください。

ディスカッション

学力移動のパターンがネットいじめの発生率と関係するのはなぜだろうか。考えてみよう。

〈MEMO〉

第 **7** 章

国際理解教育の可能性
―米英仏のケース・スタディから―

キーワード　国際理解教育，多民族・多文化，国民国家

☞ **要 旨** -

　　わが国を含む各国では国際理解教育が熱心に行われている。しかし，
期待されている通りの効果をあげているのであろうか。もしあげてい
ないとすれば，どこに問題があるのであろうか。

- -

❶ 国際理解教育とは何か

　多民族・多文化ということに関して 2006 年はエポック・メイキングな
1 年であった。2005 年 10 月末から 2006 年始めにかけてのフランスでのマ
グレブ系住民の暴動，ドイツ・ワールドカップ決勝でのフランス代表主将
ジダン選手の頭突き（le coup de tête），そして 8 月中旬の南アジア系英国
人のテロ未遂事件など…。これらの出来事の背景には何があるのか。また
これらの出来事と国際理解教育の必要性と可能性がどのような関係にある
のか，本章では簡潔に考察してみたい。

　さて，学校で教授される教科の多くが，結局のところ自己理解につなが
るものであるとすれば，国際理解教育は，「他者理解を通じて自己理解を
図る」というところに究極の目的があるように考えられる。すなわち他者
（他国・他社会）の文化や歴史，伝統について知り，学ぶことを通じて，自
分たちの文化や歴史，伝統を一度突き放して（つまり，相対化して）みつ
め直し，他者との共通点および相違点をみつめ，そこから自己理解に至る
というわけである。

　この自己理解につながるというのは，日本を念頭に置いているとピンと
こないかもしれないが，例えば多民族国家であれば，自分とは異なる民族
ではあるが同じ国家に属する人々のルーツを理解することは，自分の属す
る国家のある側面について理解することにもなるのであり，他者理解が相
互理解，自己理解につながるのである。言い換えれば，国際理解教育とい
うのは，多民族国家にとっては，どこか遠い（自分たちとは関係のない）世
界に関する浮世離れした教育というのではなく，非常に差し迫った教育で
もある。さまざまな民族間の紛争などに悩まされる国家では，国内問題に
立脚したものになる可能性がある。

　このような観点からすれば「いろいろな文化がありますよ」といった表
面的な文化の多様性の紹介に終始する教育だけでは，国際理解教育の使命
は十二分に果たせないと考えられる。また，「日本文化（例えば歌舞伎や生
け花）を知ることによって」国際理解教育を行うという主張も一部にはみ
られるが，この方法も国際理解教育の本質に反したものとなる。ここで問
題となるのは，一国・一社会内でも必ずしも一様な文化状況にあるわけで
はなく，むしろ圧倒的多数のケースにおいて，文化的に多様な状況がみら
れることである。これを文化多元主義とか多元文化主義（＝多文化主義）
と表現するのが通例である。

　この両者をさほど区別せずに用いる場合も多く，概して1980年代まで
は厳密な区別を求めてこなかった。ところが，1990年代に入って状況は
変化してくる。『アメリカの分裂』を著したアーサー・シュレジンガー
Jr.（Arthur Shlesinger Jr.）によれば，文化多元主義（cultural pluralism）
と多元文化主義・多文化主義（multiculturalism）は明白に異なる，という
よりもむしろ，対立した概念ということになる。文化多元主義は，共通文
化としてのアメリカ文化の存在を承認し，すべての構成員はそれを学ぶべ
きだが，他方，私的空間では多元性を容認するというものである。それに
対して，多文化主義は「英国中心またはヨーロッパ中心の立場への反動と
して発生する」ものであり，エスノセントリックで，分離主義的というこ
とになる。それはシュレジンガーの次のような言葉に表れている。「民族
性を強く主張する人たちは現在，公的教育の主目的は，民族的起源と自己

同一性の擁護と強化，賞揚と永続化であるべきだ」と強調するのだが，「分離主義は差違を誇張し敵対心を煽る。その結果として増大する民族的・人種的抗争のおかげで，『多民族主義』や『政治的妥当性』について，あるいは『ヨーロッパ中心』的カリキュラムの不法性についての騒々しい議論があり，さらには，歴史や文学の教育は知的な訓練としてではなく，少数派民族の自尊心を高める療法であるべきだという考え方についての論争がみられる」（シュレジンガー　1992）と述べ，アメリカの将来の姿を考えたときに，「別個かつ不易の民族的・人種的集団に分けられて」いくことに危機感を覚えると述べる。これはいうまでもなく，かつて「坩堝と呼ばれたものはバベルの塔に取って代わられる」ことを意味する。

　これは，つまるところ，国家とは何か，社会とは何か，そしてそこにおける公教育の果たすべき役割は何か，といった根本的な問題につながる発言である。さて一方，逆に国際理解教育とグローバル教育も異なるものと考えられる。国際化とグローバル化との違いにも関連するのだが，国際理解教育とは，国が確固たるものとしてあり，そのうえで国家間の，あるいは異なる国民間の相互理解を深めようというところに要諦がある。それに対して，グローバル教育とは，国が徐々に確固たるものではなくなり，国家間の壁が低くなり（つまり，グローバル化し），それぞれがある特定の一国の国民であるというよりも，すべての地球上に住む人々が「宇宙船地球号」の住民であり，地球市民であり，特定の文化にエスノセントリックな価値を置くのではない。例えば，ある国の人々が貧しい状況に置かれていたとしよう。しかし，それを知り「かわいそう」と同情の念を子どもたちに呼び覚ますだけにとどまらず，それが自分たちの豊かさと関係がある，という認識にまでもっていくことを企図している。つまり，世界のシステム的理解，国家間の相互依存性に重点を置いた理解の方法なのである。しかし，これはともすれば従属理論や世界システム論などのイデオロギー的な側面に絡め取られてしまう危険性をはらむといえる。「国際理解教育」としては，いったいどのような教育が求められ，どのような方法で展開されていくのであろうか。ここではアメリカ合衆国，イギリス，フランスの社会的背景を例にとって簡単に概略しておこう。

❷ アメリカ合衆国のケース

　アメリカ合衆国は,「移民の国」とか「人種の坩堝」とかいったフレーズに違わず,非常に早い時期からその人種的・民族的構成の多様さが進んでいた国家である。そしてその多様性を,新生国家の活力であり,資源であるという考えを通してきた。しかし,現実には1964年の公民権法成立までは,黒人は州法などによって社会生活の各場面で差別を受けてきたのも事実である。公民権法成立によって黒人に対する法的,制度的差別は解消される。しかし,意識の面での差別は当然残る。そこで地道な啓蒙活動が必要となる。

　アメリカ合衆国も他の多くの国家と同様に,教育を含む社会政策はまず人種主義,ついで同化主義へと進んでいく。人種主義とは,人種によって与えられる教育が異なり,マイノリティがマジョリティと同じ社会的権利を行使することは認められないという考え方である。教育についても分離学校が基本となる。ついで同化主義(アングロ・コンフォーミティ)では,マジョリティの言語,文化を修得したマイノリティに限って,マジョリティと同じ社会的権利の行使が容認される。教育でも,英語の習得が必要な前提とされ,ESL(第二言語としての英語)が盛んに展開される。

　しかし,マイノリティの権利意識の高まりの前にWASP(White An-glo=Saxon Protestant)を中心としたアングロ・コンフォーミティの考え方だけでは立ちいかなくなり,文化多元主義の考え方が登場する。文化多元主義には,リベラルな文化多元主義とコーポレイトな文化多元主義の2種が存在する。前者は私的空間では文化的多様性を容認し,公的空間では共通文化の存在を認めそれへの同化を求める。ただし,共通文化とはWASP文化そのものではなく,マイノリティの文化をも取り入れた「共通のアメリカ文化」である。さらに社会参加にかかわる構造的側面(構造的多元化)については,個人主義と業績原理に基づいて社会的権利を配分するので,人種や民族による優遇や差別はない。いわばアメリカ合衆国の建国の理念の受容が求められているのである。

　これに対してコーポレイトな文化多元主義では,私的空間同様に公的空

間でも多元化を推し進めることが謳われている。これは具体的には，学校ではエスニシティを考慮した教育，（英語ではない）母語による教育という形で展開され，バイリンガル教育法の制定ということにつながる。また，社会参加に際しては，やはりエスニシティを考慮して，クオーター・システムやアファーマティヴ・アクションを導入するということになる。しかし，このように社会参加，構造的側面での多元化を推し進めれば推し進めるほどよいのかというと必ずしもそうはいいきれない。学校教育の多元化は，ともすれば施設，設備，カリキュラム開発，教員養成などに多額の出費を強いることになる（二言語教育ができる教員の養成など）し，クオーター・システムやアファーマティヴ・アクションは逆差別であるとして白人層の猛烈な反発を受けることにもつながるからである。

　現に，住民の人種的・民族的多様化が進んだカリフォルニア州では，バイリンガル教育の廃止や，アファーマティヴ・アクションの廃止などが20世紀末に相次いで起こり，問題化している。イングリッシュ・プラスというバイリンガル，トライリンガル化を目指す運動がみられる一方で，イングリッシュ・オンリーという英語公用語化運動がみられるのもカリフォルニアなど人種的・民族的多様化が進んだ地域である。カリキュラムにしても言語にしても社会参加にしても，進歩的政策を推進すればするほど国民は拍手喝采するわけではなく，マジョリティの容認できる限度を超える政策は大きな揺り戻しをともない，住民間の相互理解と共存へと導かれるどころか，分裂や感情的対立を煽ることになりかねないし，いわゆる「極右勢力」の台頭を招来することにもなりかねないのである。さらに対立はマジョリティ＝白人とマイノリティの間にのみあるのではない。近年は黒人とヒスパニクスの対立が報じられている。人種間の対立は構図を変えて続いているのである。

❸ イギリスのケース

　次にイギリスのケースをみてみよう。共同通信社の EUROSCOPE，2001 年 2 月 20 日 号（http://www.kyodo.eo.jp/shiryo/shiten/euro055.html，2001 年 6 月 27 日閲覧）によると，EU が 2000 年に行った EU 加盟国内に

おけるレイシズムの実態調査では，イギリス人の33％は人種的偏見を抱いていることを認めている。イギリス人は第7位で，第1位はオランダ人46％，ついでフランス人43％となっている。現在どのように変化しているのだろうか。ちなみに同調査によれば，「有色人多数化の現状は放置すべきではない」と答えたイギリス人は66％とのことである。この状況は，たとえば1966年から1967年に行われたローズ他の調査，1972年から1973年に行われたバグレイの調査などの結果と比べてどの程度の違いがあるというのだろうか（表7-1参照）。

　さて，イギリスではやはり人種主義，同化主義からスタートしたが，その後統合主義へと進み，さらに多文化主義へと進んだ。松井清（1994）による，人種主義や同化主義ではマジョリティの文化が普遍主義的なものであるのに対して，マイノリティの文化は特殊主義的なものという認識からマイノリティの文化をカリキュラムから極力排除するということになる。それに対して統合主義は，マジョリティとマイノリティの相互理解を目指し，ブラック・スタディーズなどエスニックなカリキュラムを導入する一方，教員研修などにおいても第三世界の文化・歴史についての啓蒙活動を展開して，マイノリティをイギリス社会に定着させることをねらっている。しかし，これも現実の姿としては，白人が90％以上を占めるイギリス社会への定着とは白人社会への同化とほぼ同義であり，批判を受けて多文化主義へと進むことになる。多文化主義とは，文化の多様性とあらゆる文化を尊重することを前提として異文化の尊重とその学習を目標とするものである。つまり，イギリス社会はもうすでに多民族・多文化の国家・社会であるということを前提にしている。しかし，これでも生ぬるいという批判があり，反人種差別主義（教育）なるものも展開されている。これは多文化教育以前のすべてのプログラムが，問題はマイノリティの側にあるということを前提にしてきたのに対し，反人種差別主義（教育）は，問題は白人の側にあるということを前提にする。差別という社会構造のゆがみを除去することこそ，重要な目的であるという認識から，白人生徒，白人教員への反人種差別の吹き込みを展開する。しかし，これも行き過ぎると，かえって人種集団間の軋轢を増大させかねないのである。なぜなら差別は白

表7-1　ローズ（Rose, E. J. B.）他による調査（1966-1967, ①〜③）
及びバグレイ（Bagley, C.）による調査（1972-1973, ④〜⑤）

①5都市におけるカラードに対する寛容・偏見の発生率

寛容・偏見	発生率
寛容	35%
寛容傾向	38
偏見傾向	17
偏見	10
合計	100%

②5都市におけるカラードに対する寛容・偏見の海外旅行経験別にみた態度の変化

寛容・偏見	アジア・アフリカ旅行	ヨーロッパ旅行	海外旅行の経験なし
寛容	27%	35%	37%
寛容傾向	44	39	35
偏見傾向	17	17	18
偏見	12	9	10
合計	100%	100%	100%

③イギリスの民族と世界の人々との比較

イギリス人は	アフリカの人々と比べ	アジアの人々と比べ	ヨーロッパの人々と比べ	アメリカの人々と比べ
決定的に優秀	33%	27%	8%	5%
ある程度まで優秀	32	34	28	18
同等	18	20	52	58
劣等	4	3	4	11
知らない	13	16	8	8
合計	100%	100%	100%	100%

④多人種8校におけるイギリス人児童の各人種に対する好き・嫌いの率

グループ	友好的	中立的	敵対的	コメント総数
イギリス人	77.2%	7.1%	16.0%	198件
西インド諸島系	43.8	14.8	41.4	169
ドイツ系	33.3	14.5	52.1	165
アフリカ系	30.9	22.8	46.3	162
インド系	26.4	11.9	61.7	201
アイルランド系	22.0	10.8	67.2	195
ユダヤ系	20.1	14.1	65.8	199
パキスタン系	17.5	13.2	69.3	189
イスラエル系	17.1	33.7	49.2	193
アラブ系	13.5	24.3	62.1	177

⑤イギリス人児童による各人種に関する主な否定的評価の内容

グループ	否定的なステレオタイプ	否定的な全ステレオタイプの比率
イギリス人	頭でっかち．押しが強い，疑い深い，非友好的	16.0*%
西インド諸島系	汚い，臭い．攻撃的．不親切	41.4
ドイツ系	攻撃的，不親切，不正直な，ずるい，詐欺的な	52.1
アフリカ系	未開な．愚鈍な，頭でっかち．押しが強い	46.3
インド系	汚い，臭い	61.7
アイルランド系	愚鈍な,不平家,トラブルメーカー,攻撃的,大酒飲み	67.2
ユダヤ系	卑劣な，利己的	65.8
パキスタン系	汚い，臭い	69.3
イスラエル系	攻撃的	49.2
アラブ系	攻撃的，汚い，臭い	62.1

注：否定的なステレオタイプとは特定グループの全否定的ステレオタイプで10%以上を教えたものである。
＊富岡（1988），引用元の Verma ＝ Bagley（1975）のいずれにおいても 20.7%であるが，16.0%が正しいと考えられる。
出典：富岡（1998）を一部修正した。

表 7-2　英語とクレオールの表現の違い

①

英語	I	you	we	they	I am going down that street.I want to go home.
ジャマイカ	mi (a)	yu	wi	dem	Me a go down dat street.
バルバドス	a	yu	wi	de (dem)	Mi waan fi go huom.

出典：佐久間（1998）

⑧

標準的英語
He used to go to school every day last year. now sometimes he goes and sometimes he doesn't go.

ジャマイカ
Him go a school every day last year. now sometime him go.sometime him no go.

ギアナ
Him a go a school every day last year. now sometime him a go.sometime him naa go.

出典：小林（2001）

人対マイノリティの図式の中で起きるとは限らず，アジア人対黒人といった図式でも起こりうるからである。また，教師が人種差別主義者のレッテルを貼られるのを恐れるあまり，荒れるマイノリティの生徒に適切な指導ができず放任し，結果として学校が一層荒れるのだという批判も展開されている。

　もう一つの問題は，マイノリティの側でも，実は多文化教育を望まないグループがあるということである。イギリスには厳格なイスラム教徒が多いが，イスラム教徒は，セックスや麻薬に耽る，堕落しきった白人からは学ぶものはないとして，厳格なコーランの教えにのっとった一文化教育を求める。イスラム教徒にとって，理想の学校は分離学校であり，公的補助を受けるイスラム学校もすでに登場している。多文化的状況を積極的に認めてきたイギリス型の対処法にも限界がきているとの指摘は後を絶たない。

　すべての構成員が多文化教育を望み，多文化共生社会を理想の社会とするならば，ここでいう国際理解教育も行いやすいであろうし，建設的な提

言も生まれてこよう。しかし，現実はそう単純ではないのである。

　言語面でも佐久間孝正が指摘するようにイギリス在住のアフロ・カリブ系の若者の使用するクレオール・イングリッシュは，いわゆる「標準イギリス英語」とかけ離れているばかりでなく，クレオール内部でもかなりの相違がみられる（表7-2参照）。

　「若者の中には，自分たちの島々のアイデンティティを確認するために好んでクレオールを使用する傾向にあり，教育現場を複雑なものにしている」（佐久間　1998）といった現状においては，同一クラス・同一学校内での摩擦や対立がアフロ・カリブ系内の諸グループ間においても容易に起きるのは当然であるといえよう。ヨーロッパにおける現代的なカウンター・グループとしてムスリムがひとまとまりのグループとしてしばしば取り上げられるが，この面でも現実は見かけほど単純ではないのである。

④ フランスのケース

　フランスでは，近年学校教育をめぐって，イスラム教徒のスカーフ論争が繰り返し起き，国際理解教育は喫緊の課題となっているが，しかし，そもそもこの異文化間の対立が国際理解教育によって解決可能なことであるのかをめぐっても論争が多い。

　フランスでは同化（アシミラシオン＝assimilation），統合（アンテグラシオン＝integration），挿入（アンセルシオン＝insertion）という流れを経験してきた（池田　2001）。移民の子弟，外国人に，フランス文化に親しませ，フランス語を修得させることが同化主義の時代の学校教育の目的であったが，移民の増大とともに統合主義へと変わる。これはマジョリティ・マイノリティの相互の変容を前提とする主義で，第三の共通のフランス文化が生まれ，それをすべての国民の学習の内容にすべきであるという考え方である。移民の存在を貴重な資源と考え，多様性を活力の源と考える見方である。

　他方，挿入主義とは，フランス文化の本体を損なわずに移民や外国人を受け入れていくものであり，モザイク状の国家像を描く。これは国民戦線他保守系の団体から主張される傾向が強い。相違を積極的に容認しようとする「相違への権利（la droit à la difference）」も，保守系の団体から利用

される傾向にある。

　フランスへの移民の多くは，ラテン系移民とマグレブ系（アルジェリア，チュニジア，モロッコ）アフリカ移民である。しかも，後者の急増と前者の漸減がみられる。アルジェリア，チュニジア，モロッコはアフリカ全土の中でもとくにイスラム教徒の多い国家で，今後移民の増大とともに，イスラム文化の流入もスピードアップし摩擦も増大すると考えられる。当然のことながら，ここでいう移民には政治的・経済的難民や合法的・非合法的移民のもろもろを含む。おそらく公式統計以上に移民の流入は進んでおり，それにともない摩擦も増大している。2004 年 9 月には正式にスカーフ着用を禁ずる法が発効した。イギリスにおけるシク教徒同様，フランスにおけるイスラム教徒も，宗教上の理由で着用するスカーフがしばしば論争の対象になる。原理主義的傾向の強いフランスのイスラム組織連合（UOIF）はスカーフ着用運動を熱心に進め，トラブルが頻発するようになった。

　日本でも運転免許証の脱帽・無背景の写真をめぐって在日イスラム教徒と当局の間に摩擦が生じたが，この類の論争はヨーロッパ諸国を中心に世界中でヒートアップしている。

　移民を受け入れるということは，異文化を受け入れるということでもあり，便宜的に低賃金労働者として都合よく働いてもらう（そして，仕事が終わったら，あるいは国内情勢が変化したら帰国してもらう）といった身勝手な考え方は許されない。受け入れるならば移民の文化について学習を進めていくのは当然であろう。ただし，その進め方はあまりにも急進的であってはならず，住民の理解を得ながら進めなければ，せっかくの相互理解のプログラムの導入も，相互の対立と憎しみに火をつけて煽るプログラムになりかねないのである。実際に国民戦線は着実に支持を伸ばし，2002 年の大統領選挙ではルペン党首が決選投票まで残った。1990 年代以降の一般市民間に根深く潜在している反移民・反外国人感情の反映と考えることができる。

　なお，EU が拡大していくにしたがって，従来マグレブ系移民の従事していた仕事に東欧系移民が就くようになった結果，マグレブ系移民が失業し，彼ら／彼女らの不満が高まっているようである。また移民グループ間

の対立も表面化している。

　さらにフランスは伝統的に政治難民を積極的に受け入れる一方，経済難民の受入れには消極的であった。しかし，政治難民に少なからぬエリートが存在するのに引きかえ，経済難民の多数が貧困層である現実を社会的正義の観点からどう評価するか，など移民・難民をめぐる課題は多い。

❺ 国際理解教育実施に関する問題点

　以上，国際理解教育の行われていく意義と社会的背景からみた困難さについて簡潔ながら述べてきたが，国際理解教育の困難な点として現実に，どの程度まで教えるべきかについての問題がある。最も悪い授業例としては，授業終了後の子どもたちの感想に，「発展途上国の人たちはかわいそう」，「日本に生まれてよかった」のような「自らの問題としてとらえない」ような姿勢がみられるケースがある。したがって，「いろいろな人がいますよ」と「文化の多様性」を強調するだけでは，国際理解教育を十分に行ったとはいい難い。国際理解教育は現在，総合的な学習を中心とする生徒・児童の主体的な学習の一環として考えられており，知識を教え込むタイプの授業とは考えられていないのはもちろんである。

　上述のような例は，いわば「頭の中の知識にとどまる」国際理解の悪例であり，そのレベルにとどまらず，冒頭に述べた他者理解を通じた相互理解や自己理解につながらねばならない。

　しかし，そこからさらに一歩踏み込んで教えようとすると，いろいろな問題が生じてくる。ものの見方，例えば世界観・民族観や歴史観を教えることによって上述の問題を避けようとすると，教師は結局，自らの身に染みこんでいる世界観・民族観や歴史観を教え込むということになるのであり，多分にイデオロギー的になる危険性をはらんでいる。つまり，素材を与えて児童・生徒に自発的に学習させるのではなく，ある種のものの見方に意図的に導いていくということであれば，それこそ国際理解教育の前提にある民族の多様性や，思考パターンの多様性を理解するという国際理解教育の目的に反する。多様な人々，多様な文化の存在を理解するといいながら実は児童・生徒の思考の多様性を損なうということになりかねないという

問題に直面するのである。もちろん，これは歴史や国語の教育の場合にも直面する問題ではあるが，とくに国際理解教育の場合には，教科書がなく教師の個人的力量に負うところが大きいだけに，問題は深刻であるといえる。

補論　アジアにおける国民国家と教育

　最後に，補論として国民国家と教育との関係について簡単な考察を加えておきたい。従来の国民国家と教育との関係は大きく揺らぎつつあるようにみえる。その一つの見方が，さまざまな規制を通じた官僚による統制から，需給を通じた市場による調整へ，という流れである。これは見ようによっては事前統制から事後統制への変化とみることもできる。この官僚による統制から市場による調整へ，という流れは，学術的にはアメリカ合衆国のチャブ（John E. Chubb）とモー（Terry M. Moe）が1990年に出版した *Politics, Markets & America's Schools*（Brookings）以降の国際的な流れであるといえる。

　例としてアジアにおける国民国家と教育の関係をみると，確かに教育を通じた国民形成機能に関して大きな変化が2つの点でみられる。一つは，民営化の推進による私立学校の繁栄である。当然のことながら，先進国と比べると途上国の場合，教育リソースは乏しく，いかにしてそれを効率的に配分するか，効果的な学校をつくりあげるかということは喫緊の課題である。ただし，国家が一定の経済発展を遂げて中産階級が台頭してくると，様相は変わってくる。中産階級が薄く，裕福な層と貧困な層に二分された，いわゆる格差社会においては，私立学校は特権階級の専有物であり，貧困層には絶対にアクセス不可能な学校である。しかし，途上国においても中産階級が台頭してくると，中産階級向きの私立学校が登場してくる。いくつかの先進国においては教育リソースの分配を通じて私立学校をある程度統制している。だが，乏しい教育リソースしかもちあわせない途上国においては，わずかばかりの教育リソースの分配にあずかるかわりに自由を失うよりも，分配を拒否してその代わりに生徒・父兄のニーズに応える教育，公立学校には求め得ない教育を提供する自由を獲得しようとする私立学校

が登場してくる。私立学校への対抗策として、いくつかの国家では学区の自由化が図られているが、これは私立学校対公立学校という学校間格差を生み出すばかりではなく、公立学校内の格差を生み出す結果につながっている。私立学校が、政府の統制に従わず、自由な教育を実践しだすと、教育の国民形成機能にも当然、大きな影響が出ると予測される。

　さて、もう一つはノン・フォーマル教育の重視である。先進国においては、ノン・フォーマル教育というと、学校外教育であると認識される傾向にあるが、途上国においてはフォーマル教育が十分に配給されない、あるいは機能していない地域に対する非政府サイドの教育事業という側面がある。つまり、人口のまばらな山岳地帯（往々にして少数民族が居住している）や、農村部においては、政府が十二分な学校を設立するだけのリソースをもたないばかりでなく、生徒・保護者側にも学校に通い続けるインセンティブが弱いケースが多々あり、従来のような国家・政府を通したフォーマル教育の配給という方法だけでは十分な教育の普及は望めない。そこで登場するのが、国際NPOや地域の教育NPOによる教育事業＝ノン・フォーマル教育である。この場合、ノン・フォーマル教育はフォーマル教育の二級の代替物としてではなく、まったく違った概念で運営されることが多くある。つまり、地方分権化の動向とも結びつき、地元の教育ニーズをより反映する形で教育を提供するために、国家の統制から比較的自由になるということである。従来のノン・フォーマル教育のイメージ、すなわち国家の統制に従いながら乏しいリソースで準フォーマル教育を行う、というイメージとはかけ離れている。このような事態が起こるのは、政府の教育リソースが乏しく、国際機関や裕福なNPOなど政府以外のドナーによって、これらの活動が可能になっていることが主たる原因の一つである。

　いずれにせよ、国民国家が学校を国民形成の手段として利用する時代は遠のきつつあるような印象を与える。しかし、事態はそう単純なのだろうか。『現代フランス―移民からみた世界―』（1997）の著者、アリック・G・ハーグリーヴス（Alec G. Hargreaves）は次のように述べる。

　　　今日、三つの主要な要素が文化体系の伝達に影響を及ぼしている。個々

　の人生に最も早くから影響を及ぼすのは家族である。次にくるのが，子
　が成人になる準備として経由する教育である。これとともに，その後の
　人生を通して，マスメディアが個々の世界観に多大な影響を及ぼす映像
　と情報を伝える（ハーグリーヴス 1997）。

　これら家族，教育，マスメディアのうち，国家は家族に対して統制を及
ぼすのは難しいが，教育とマスメディアをかなり統制している。マスメディ
アの統制に関しては，独裁国家を除いて完全ではなく，しかも近年弱体化
しているのに対して，教育制度に対しては相当程度統制に成功していると
みる。このハーグリーヴスの見方がアジアにおいてどの程度当てはまるの
か。フランスにおけるマグレブ系移民の教育の問題と共通する面はあるが，
アジアにおいては家族の教育＝インフォーマル教育とフォーマル教育との
衝突が頻繁にみられる。その背景には，宗教や民族の問題が絡む。先進国
がもたらした近代的価値観を拒否する宗教や民族がある。ことにイスラム
教徒にとっては現世の人間のつくり出したものよりも，神の言葉が上位に
くる。フォーマル教育が機能せずインフォーマル教育が圧倒的な影響力を
もつ場合にどうするのか。
　　ここで考慮されるべきことは，国家が教育への介入の度合いを果たして
弱めたのか，ということである。筆者のみるところ，介入の様式を変えた
だけである。その一例がいくつかのアジア諸国でみられるナショナル・カ
リキュラムあるいはナショナル・テストの設定である。事後評価に備えて，
教育プロセスの自由化を図りオートノミーを高めると同時に，教育の結果
責任のプレッシャーを高めるという方式は，この観点からすれば，国家の
教育への介入を弱めるものではない。ただ介入の様式を変えるだけである。
ロンドン大学教育研究所のアンディ・グリーン（Andy Green）は，その著
書『教育・グローバリゼーション・国民国家』（2000）において，やはり
1988 年教育改革法によってナショナル・カリキュラムとナショナル・テ
ストが導入された英国について「第二次世界大戦以来，英連邦（Common-
wealth）や他の国々からの移住者の出現によって，連合王国の文化的，言
語的，宗教的多様性は大いに増大してきている。伝統的な英国史とイギリ

ス文学を強調するナショナル・カリキュラムは，大英帝国と英連邦から継承し，いまや連合王国自身に戻ってきた文化的帝国主義の継続とみなすことができるだろう」と述べる。オートノミーと結果責任のプレッシャーのバランスがどうなるかによって，国家の介入の度合いも変化するのではないだろうか。つまり，こういうことである。いろいろな立場の人々が教育の自由化，民営化，地方分権化を評価する。しかし実際のところ，何を評価しているのだろうか。オートノミーの高まりを進歩主義者は評価し，選択の自由をリベラリストは評価し，能力主義をコンサバティブは評価するのである。しかし，これは完全な同床異夢であり，これら諸勢力の綱引きで国家の介入の度合いが変化するということである。

本章冒頭の一連のフランス暴動の中で提起された重要な問題の一つは，ヨーロッパという概念は単なる地理的概念であるのか，それとも文化的アイデンティティの対象であるのか，ということである。また，国民国家（nation state）は，共同幻想体（imagined communities）にすぎないのか，それとも実質的な統合体（つまり nation）であるのかということである。見方によっては，公教育とは社会への準備を図るという名のもとに，ある民族の特殊な文化を，普遍的な「国民文化」としてすべての構成員に習得を強制する，「支配のための暴力装置」であるともいえる。抽象的なレベルでは「教育は人権である」という考え方には，異は唱えにくい。しかし，当然のことではあるが，具体的なレベルでは，教育が広がれば広がるほどよいという考え方に対する評価は，何が教えられるのかによって変化するのである。

引用・参考文献

・池田賢市（2001）『フランスの移民と学校教育』明石書店

・江原武一編（2001）『多文化教育の国際比較―エスニシティへの教育の対応―』玉川大学出版部

・大津和子（1992）『国際理解教育―地球市民を育てる授業と構想―』国土社

・木村一子（2000）『イギリスのグローバル教育』勁草書房

・グリーン，A.（大田直子訳）（2000）『教育・グローバリゼーション・国民国家』

東京都立大学出版会

- ゴードン，M. M.（倉田和四生・山本剛郎訳編）（2000）『アメリカンライフにおける同化理論の諸相—人種・宗教および出身国の役割—』晃洋書房
- 小林章夫（2001）『イギリス英語の裏表』筑摩書房
- 駒井洋監修，小井土彰宏編（2003）『移民政策の国際比較』明石書店
- 坂井一成（2006）「ヨーロッパ国際政治における少数民族とガヴァナンス」『国際文化学研究』第 26 号，神戸大学国際文化学部
- 佐久間孝正（1993）『イギリスの多文化・多民族教育—アジア系外国人労働者の生活・文化・宗教—』国土社
- 佐久間孝正（1998）『変貌する多民族国家イギリス—「多文化」と「多分化」にゆれる教育』明石書店
- 佐藤誠，フィールディング，A. J. 編（1998）『移動と定住—日欧比較の国際労働移動—』同文舘出版
- 佐島群巳・有田和正編（1986）『「国際理解を目ざす」学習と方法（新社会科授業の展開 3）』教育出版
- 柴沼晶子・新井浅浩編（2001）『現代英国の宗教教育と人格教育（PSE）』東信堂
- 志水宏吉（2002）『学校文化の比較社会学—日本とイギリスの中等教育—』東京大学出版会
- シュレジンガー，Jr. A.（都留重人監訳）（1992）『アメリカの分裂—多元文化社会についての所見—』岩波書店
- ジョリヴェ，M.（鳥取絹子訳）（2003）『移民と現代フランス—フランスは「住めば都」か—』集英社
- 辻内鏡人（2001）『現代アメリカの政治文化—多文化主義とポストコロニアリズムの交錯—』ミネルヴァ書房
- 富岡次郎（1998）『イギリスにおける人種と教育』明石書店
- トレンハルト，D. 編（宮島喬他訳）（1994）『新しい移民大陸ヨーロッパ』明石書店
- 西川長夫・宮島喬編（1995）『ヨーロッパ統合と文化・民族問題—ポスト国民国家時代の可能性を問う—』人文書院
- ハーグリーヴス，A. G.（石井伸一訳）（1997）『現代フランス—移民からみた世界—』明石書店

第 1 章
第 2 章
第 3 章
第 4 章
第 5 章
第 6 章
第 7 章
附 録

・松井清（1994）『教育とマイノリティ―文化葛藤のなかのイギリスの学校―』弘文堂

・宮島喬編（1998）『現代ヨーロッパ社会論』人文書院

・薬師院仁志（2006）『日本とフランス　二つの民主主義―不平等か，不自由か―』光文社

・Chubb, J. E. & T. M. Moe (1990) *Politics, Markets & America's Schools*, Brookings.

・Green, A. (1990) *Education and State Formation: The Rise of Education Systems in England, France and the USA*, MacMillan Press LTD.

［付記］本章は，田中圭治郎編（2004）『総合演習の基礎』（ミネルヴァ書房）所収の拙稿「国際協力の実践」の中核部分に加筆削除と修正を施し，さらに 2006 年 10 月 8 日に神戸大学で開催された日仏教育学会シンポジウムにおける筆者の講演原稿に加筆したものを補論として加えたものである。

課題

❶ アメリカ合衆国のケースにおいて「白人対黒人」の図式に加えてヒスパニクスやアジア系などが加わり，人種対立の構図が複雑化している。これについて説明してください。

❷ イギリスのケースにおいて，多文化・多民族的な学校づくりは必ずしも成功していない。この理由について説明してください。

❸ フランスのケースにおいて，公的な場でのフランス語やフランス文化へのリスペクトを求める方針も必ずしもうまくいっていない。この理由について説明してください。

ディスカッション

国際理解教育は何を目的にしてどのように行われるのがいいのか。考えてみよう。

〈MEMO〉

第 **8** 章

いじめ問題と道徳教育
―規範意識をめぐって―

キーワード	いじめ，規範意識，「星野君の二塁打」

☞ 要旨

　いじめ問題の背景に子どもたちの規範意識が緩んでいることがあるとの指摘がみられ，今次の「特別の教科　道徳」の導入の一因にもなっている。しかし，道徳科や道徳教育は規範意識を強化することが真の目的なのであろうか？　道徳と規範，慣習，規則の関係を考察する。

❶ 『特別の教科 道徳』の登場

　『特別の教科　道徳』は，2011 年の滋賀県大津市のいじめ自殺事件をきっかけの一つとして登場してきました。それまでも教科外活動として道徳教育は存在していましたが，不十分とみなされてきました。例えば，第二次安倍晋三内閣の下に設置された**教育再生実行会議**において，2013 年に発表された第一次提言「いじめ問題等への対応について」では，現行の道徳教育は不十分であり，抜本的な充実を図る必要があるとの認識が示され，教科化が提言されています。

　同じ 2013 年には「いじめ防止対策推進法」が制定され，その中で道徳教育については下記のように定められています。

（学校におけるいじめの防止）

　第十五条　学校の設置者及びその設置する学校は，児童等の豊かな情操と道徳心を培い，心の通う対人交流の能力の素地を養うことがいじめの

防止に資することを踏まえ，全ての教育活動を通じた道徳教育及び体験
活動等の充実を図らなければならない。

2　学校の設置者及びその設置する学校は，当該学校におけるいじめを
防止するため，当該学校に在籍する児童等の保護者，地域住民その他の
関係者との連携を図りつつ，いじめの防止に資する活動であって当該学
校に在籍する児童等が自主的に行うものに対する支援，当該学校に在籍
する児童等及びその保護者並びに当該学校の教職員に対するいじめを防
止することの重要性に関する理解を深めるための啓発その他必要な措置
を講ずるものとする。

　こういった一連の動向の基盤には現代の子どもたちの間で規範意識が緩
んでいるとの認識があります。つまり「規範意識の強化がいじめを減らす」
というわけです。

　例えば奈良県の例を見ましょう。いじめ問題の著名な研究者であった故・
森田洋司（当時，大阪市立大学名誉教授，大阪樟蔭女子大学長）は奈良県教
育委員会教育長より依頼を受け，「子どもの規範意識向上推進委員会」の
委員長として委員会をリードし，議論を重ね，2011 年に『子どもの規範
意識の向上をめざして─「子どもの規範意識向上推進委員会」提言─』を
まとめています。当時の知事は前任者の荒井正吾知事です。そこにおいて
は「1」として「子どもたちの規範意識の低下」が謳われ，「暴力行為の増
加」が指摘され，（子どもたちの）「規範意識低下の社会的背景─子どもは
大人の鏡─」において，下記のように指摘しています。

　暴力行為等の発生状況から見られる子どもたちの規範意識の低下は，人々
が安心して暮らせるよりよい社会をつくっていくためはもとより，子ど
もたちの健やかな成長を促し，子どもたちを自立した社会人に育てるた
め，看過できない問題である。現代社会における大人の社会規範の揺れ，
不正やルール違反を許容する風潮，義務と責任を忘れ，自由と利己主義
をはき違える風潮，そして，正直さ・誠実さ・まじめさなどの価値を軽
視する風潮など，社会全体のモラルの低下が子どもの規範意識の育ちに

影響を与えている。また，これらの社会的風潮は，家庭や地域社会が今日に至るまでに果たしてきた教育機能を弱めている。すなわち，基本的なしつけや人間として，してはならないことへの指導や善悪の判断などは本来家庭や地域で育まれてきた。しかし，大人には自信をもってそれらを子どもに伝え教えることを躊躇する傾向も見られる。

この現状認識に基づき，この委員会は「奈良県道徳教育振興会議と連携して，道徳教育を通じた規範意識の醸成や公共心の育成を推進する」と提言をしています。さまざまな提言がなされている中でも道徳教育の充実はかなりプライオリティの高いものとなっているようです。

もうひとつ例をあげましょう。東京都教育委員会は2015年（舛添要一知事の時代）に「小・中学校用指導資料」として『子供たちの規範意識を育むために』と題するパンフレットを作成しています。東京都教育委員会では，「小・中学校，中等教育学校の校長・教員」，「幼稚園，小・中・高等学校の保護者」，「一般企業の役員・経営者」，その他「一般都民」8751人に依頼し7,482人から回答を得た結果として，28.3％の回答者が，現代の子どもたちは「規範意識がたりない」とみていることを示しています。回答者の年齢別では50代が最も多く44.8％，ついで60代以上が32.3％です。これらを受けて，このパンフレットでは下記の学校教育法第21条第1項，および第23条第1項，第2項を引用しています。

（義務教育の目標）
第二十一条　義務教育として行われる普通教育は，教育基本法（平成十八年法律第百二十号）第五条第二項に規定する目的を実現するため，次に掲げる目標を達成するよう行われるものとする。
　一　学校内外における社会的活動を促進し，自主，自律及び協同の精神，規範意識，公正な判断力並びに公共の精神に基づき主体的に社会の形成に参画し，その発展に寄与する態度を養うこと。
　二　（後略）…

（幼稚園教育の目標）

第二十三条　幼稚園における教育は，前条に規定する目的を実現するため，次に掲げる目標を達成するよう行われるものとする。

　一　健康，安全で幸福な生活のために必要な基本的な習慣を養い，身体諸機能の調和的発達を図ること。

　二　集団生活を通じて，喜んでこれに参加する態度を養うとともに家族や身近な人への信頼感を深め，自主，自律及び協同の精神並びに規範意識の芽生えを養うこと。

　三　（後略）…

この条文を受ける形で2015年に改訂された**学習指導要領**（これによって道徳の「特別の教科」化が定められた）の基本的な考え方として下記の考え方に言及しています。

子どもたちに，（略）社会生活を送る上で人間としてもつべき最低限の規範意識を，発達の段階に応じた指導や体験を通じ，確実に身に付けさせることが重要である。

　小・中学校の教育課程（現行の学習指導要領）では，「社会科」，「道徳」，「特別活動」において，規範意識を高め，法やきまりの意義などを学ぶ学習の充実が図られています。

これらを受けて東京都の「小・中学校の教育課程では，『法やきまり，ルールの基本となる考え方』を学ぶ学習として主に以下のような内容が設定されています」とし，社会科，道徳，特別活動において何をどのように学ぶかが紹介され，さらには生徒指導のあり方についても言及されています。例えば「子供たちの確かな規範意識の醸成に向けて」では，下記のように述べられています。

　子供たちの規範意識を育むためには，教科や道徳，特別活動において，「きまり」についての理解を深め，「きまり」を守ろうとする態度等を育

む指導を確実に推進するとともに，組織的な生徒指導を徹底することが重要となります。

　生徒指導は，学校の教育活動全体を通じて行わなければならないものです。全教職員が共通理解の下に，必要な場面では毅然とした態度で指導に当たるとともに，主体的に「きまり」を守る力を引き出す指導を充実させていくことが大切です。

　これらの提言に典型的に見られる「道徳教育の充実→規範意識の強化→いじめ問題・暴力行為の減少」という図式は道徳教育を推進しようとする人々の多くに見られる共通認識と言えましょう。

　しかし，他方で規範意識の強化が逆にいじめを生み出すという指摘が教育社会学者や教育心理学者から見られます。とくにスクールカーストを研究している鈴木翔，森口朗らの論稿はその代表格です。もともと規範意識とは法律だけではなく，慣習や道徳等，成文化されていないものをも含む社会規範（社会道徳，公衆道徳等と呼ばれるもの）を遵守しようとする意識であり，鈴木や森口は規範意識の強化は強い同調圧力を生み出すと指摘しています。そして，その結果，同調しない者，同調できない者が排除されかねないことを危惧しているわけです。

❷ そもそも規範とは何か？

　そこで問題になるのは，そもそも規範とは何かということです。法律や慣習，規範，これらは普遍的で常に絶対的に正しいものなのでしょうか。

　作田誠一郎（2020）は，いじめをめぐる規範意識は「いじめている側といじめられている側の双方に影響するだけでなく，これを取り巻く成員（周囲の児童生徒）といういじめの環境を形成する児童生徒に影響を与えている」と仮定して研究を進めました。その理由について作田は次のように述べています。

　なぜなら，いじめが起きにくい環境を作る素地に，いじめ行為の良し悪しの判断やいじめ自殺に至るいじめの深刻化を緩やかにする，または

　ストップさせる役割がクラスや学校の成員の規範意識にかかわると考えるからである。このいじめを生み出す環境に影響を与えるものは社会規範であり，本来私的な責任と規範の内面化がいじめ被害を軽減させ死に至らしめない抑止力としての効果を発揮すれば，いじめにかかわる学校への公的責任の追及や警察の介入にまで至ることがないはずである。

そして社会規範について次のように述べています。

　したがって，社会規範は社会成員によって内面化されていることが注視される。社会規範にはさまざまな形態があるが，規範は近代化とともに多様化する傾向にある。社会規範を大別すると，「慣習」「モーレス」「法」があげられる。

　作田によると，慣習の例として伝統や習俗をあげることができるということであり，「慣習自体は社会成員が必ずしも社会規範として意識していない潜在的な規範といえる」ということです。ついでモーレスについては「イノセンスト・タブー(ママ)など社会集団の秩序や安全のために違反者に対して象徴的に強い制裁が加えられるような規範である」と述べています。最後に法については，「社会の支配的な権力によって布告され，社会成員に対して適応(ママ)される成文法された規範となる」ということです。

　慣習にしろ，モーレスにしろ，法にしろ，普遍的なものなのでしょうか。モーレスはともかくとして慣習と法律について少しだけ言及しておきます。

　まず，法律を例にとってみましょう。1942 年に東条英機内閣の下で「食糧管理法」が成立しました。太平洋戦争下の日本において，食糧が十分に流通しない状況を解消するために国家が介入するという趣旨で制定された法律です。しかし，この法律は高度経済成長やバブル期を超えて 1995 年まで存続しました。「飽食の時代」，「コメ余り」などと言われる状況下では全く不要な法律でした。また民法は 1896 年に定められましたが，明治中期の社会の在り方を前提に制定されたため，昭和の戦後期以降，債権や相続，家族のあり方に関する随所で時代の変化に取り残された条文の問題

点が再三指摘されてきました。われわれが普遍的なものと考えがちな法律でさえ生き物であって，時代の変化に伴い変化していかないと実効性ある法律としての生命を失うということです。

次に慣習について考えてみましょう。例えば筆者が幼児のころ，慣習として，食事の際にフォークの背にライスを載せて口に運ぶのが上品であるとされていました。「ヨーロッパではこうするんだ」とヨーロッパかぶれの（しかし実は渡欧経験のない）自称国際派が気取ってフォークを裏返してはライスを載せていたものです。しかし，「洋行」などと珍しがられていた昔とは異なり，留学でも旅行でも多くの人々がヨーロッパに行った経験を持つ今，フォークの背にライスを載せる慣習はイギリスでは確かにみられるけれども，フランスではフォークの背にライスを載せるのはむしろ無作法で，フォークの腹に乗せるのだといわれていることはよく知られています。イギリスのローカルルールが，「ヨーロッパ式＝普遍的なマナー」と誤解されたということなのでしょう。あるいは，かつて「イタリアではスパゲッティはスプーンのうえでフォークを回して巻き取るものだ」と学校や家庭ではよく教えられました。筆者がフォークだけで巻き取って食べていると学生時代の指導教員から「下品だな」と馬鹿にされたことがあります。しかし，イタリアではフォークを使いこなせない幼い子どもがスプーンを補助的に使って巻き取るのであって，スプーンを使うのは幼稚な食べ方とみられることは今では広く知られています。いささか特殊な例だったかもしれませんが，ある時期に普遍的に「これはこうするものだ」と考えられていた慣習やマナーが実はそうではなかったり，真逆であったりすることもあり得るわけです。

慣習や法律がそういう性格のものであるのなら，公衆道徳や社会道徳などと呼ばれる世間一般の道徳も時代の波に応じて変化していくものでしょう。

規範意識の緩みを指摘される子どもたちの人間関係のありかたについても，実は「規範意識が強化されねばならない」という前提を改めて検討するところから考えるべきなのではないでしょうか。例えば，ここ10年ほどの間に世界で，また日本で共有されてきたジェンダー規範は大きく揺ら

いでいます。学校現場でも，例えば家庭科は長く女子のみ必修とされてきたわけですが，中学校では1993年から，高校では1994年から男女とも必修となりました。また，子どもの人権に関する規範も大きく揺らいできました。従来の規範を強化することが常に正しいということではなく，場合によってはいったん解体して再構築する必要のある規範もあるでしょう。少なくとも既存の規範をただただ強化するだけが，「道徳性を保つ」唯一の方策ではないということを理解しておく必要があるでしょう。

　文部科学省が2021年度に実施した「全国学力・学習状況調査」では「いじめはどのような理由があってもいけないことだと思うか」という問いに対し，小学校では84.1％が「当てはまる」，12.7％が「どちらかといえば当てはまる」，2.2％が「どちらかといえば当てはまらない」，0.9％が「当てはまらない」と回答しています。この比率は中学校では，それぞれ81.2％，14.6％，2.9％，1.2％となっています。「当てはまる」と「どちらかといえば当てはまる」を合わせた数字は小学校では96.8％，中学校では95.8％です。筆者からすれば，小学校で3％強，中学校で4％強が否定的に答えていることに驚きます。しかし，いずれにせよ「いじめ」を肯定的に捉える回答をする子どもがほぼいないことは当然といえば当然でしょう。この項目は2009年度から継続的に調査されており，「当てはまる」と「どちらかといえば当てはまる」を合わせた数字は2009年度では小学校94.9％，中学校90.2％，2015年度小学校96.2％，中学校93.6％ですから，漸増しているといえるでしょう。つまり少なくとも「いじめ」をめぐる問題に関しては，そもそも「規範意識が緩んでいる」と言える状況ではないのです。

　しかし，小中学生がこのような認識を持つ中，なぜいじめがなくならないのでしょうか。「規範意識が緩んでいる」わけではないのに，なぜいじめが起きるのでしょうか。これは多くの論者が指摘したように「頭で理解する」ということ，「自分の問題として考える」ということ，そして「理解したことを実践する」ということは，それぞれ別であるというところに原因があると考えます。「頭で理解する」だけにとどまっていてはいけないということです（貝塚2016）。そのためには，これもしばしば指摘され

るとおり,「特別の教科　道徳」を核にしながらも, 他教科, 他の活動と十二分に連携して道徳を総合的に学習することが大事でしょう。

　ただし, さらにもう一つ重要なポイントがあります。21世紀に入ってから「こころの教育」という言葉が文部科学省においても, 地方自治体においても頻繁に使われるようになりました。ただ日本語で言う「こころ」は英語では mind と heart の二種類あります。mind は「リーガルマインド」などのように思考を意味し, heart は感情を意味します。「いじめはどのような理由があってもいけないことだと思う」というのは mind のレベルの「理解」です。しかし, それにとどまらず, 感情あるいは感性のレベルにおいても heart で「体感」することが必要なのではないでしょうか。他者, 他の存在へのリスペクト, そしてシンパシーがなければ, mind のレベルでの理解だけでは, いじめの防止にはつながりません。座学で学ぶ道徳も重要ですが, 寺脇研（2018）が指摘するように, AI化がいくら進んでも少なくとも現在われわれが想定しえる AI では実現することの到底できない「美しく生きる」こと, すなわち, 感性や感情を磨くように指導することも重要になってくるでしょう。道徳教育は理性の教育活動であるにとどまってはならず, 感情, 感性をはぐくむ教育活動である必要があります。頭で理解するにとどまらず, 感情, 感性で感じ取り, 身体化する必要があるのでしょう。

　映画撮影の現場には Netflix がまさにその「リスペクト・トレーニング」を導入し, 話題になっています。「Netflix が導入したリスペクト・トレーニングとは？芸能界のハラスメント問題あれこれ｜セミナー＆研修.net｜研修・講演・セミナー講師の派遣（semi-ken.net）（2022年4月30日閲覧）」によると, このトレーニングは差別やハラスメントについて受講者に考えさせ, リスペクトをもって相手に接しているかどうかを考えさせるものです。この記事によると,「Netflix の制作現場では, 監督やプロデューサー, 役者をはじめ, 撮影クルー, 美術スタッフ, さらにはケータリングの業者に至るまで, 関係者全員がこのトレーニングを受講するまで撮影はスタートできません」とのことです。映画界でも監督による性暴力がしばしば話題に上がり, それに対して「＃Me Too 運動」が盛り上がっています。暴

力あるいはハラスメントに対する対策として，こういったトレーニングは
重要なものであると考えます。

❸ 「星野君の二塁打」をめぐる議論の変化

いじめからは離れますが，規範とは何かを考えるときに，長年国語教材
として活用され，現在も道徳教材として活用されている「星野君の二塁打」
は検討に値します（筆者注：2024 年度からは全社の教科書から姿を消すこと
になります）。この原作は，児童文学者で明治大学教授でもあった吉田甲
子太郎が 1947 年に人気雑誌『少年』に発表したものです。功刀俊雄・柳
澤有吾編（2021）はこの作品を詳細に検討した労作です。

また，現実の授業場面でのこの教材の扱い方については，『みんなの教
育技術』（小学館）2020 年 10 月 29 日付のウエブサイトには奈良県の公立
小学校教諭である土作彰の「小 6 道徳『星野君の二塁打』徳目に反する事
実を提示する｜みんなの教育技術（sho.jp）（2022 年 4 月 30 日閲覧）」とい
う記事が参考になります。土作によると，「星野君の二塁打」という教材
を使用して教えるべき価値・徳目は「規則の遵守」です。

ここで土作の「星野君の二塁打」という教材のまとめを借りると，次の
ようになります。

星野君は少年野球チームの選手。ある公式戦でのチャンスに星野君に
打順が回ってくる。ここで監督が出したのは，バントのサインであった。
しかし，この日，星野君は打てそうな予感がして反射的にバットを振り，
結果二塁打を放つ。この二塁打でチームは勝利し，チームは選手権大会
出場を決めた。

だが翌日，監督は選手を集めて重々しい口調で語り始める。チームの
作戦として決めたことは絶対に守ってほしい，という監督と選手間の約
束を持ち出し，みんなの前で星野君の行動を答める。

『いくら結果がよかったからといって，約束を破ったことには変わり
はないんだ』『犠牲の精神の分からない人間は，社会へ出たって，社会
をよくすることなんか，とてもできないんだよ』などと語り，次の試合

に先発出場させないことを宣告する。

　この教材を土作は「規則の遵守」という価値・徳目を教え込む教材としてではなく、規則とは何か、を考えさせる教材として活用しようとしているのです。そのための追加の教材を土作は二点示していますが、筆者も三点示しておきたく思います。いずれもフィクションではなく、実話です。

（1）　第21回日本シリーズ第5戦（1970年11月2日）読売ジャイアンツ 対 ロッテオリオンズ戦でのジョージ・アルトマンの判断

　読売ジャイアンツは1965年から1973年まで日本シリーズ9連覇を成し遂げますが、1970年は6連覇目をかけてロッテオリオンズ（現在の千葉ロッテマリーンズ）と日本シリーズで対戦しました。第4戦までジャイアンツの3勝1敗で、ジャイアンツは優勝に王手をかけていました。第5戦は6回を終わって2対2という緊迫の展開でした。7回表に二死一塁から森昌彦（祇晶）選手がレフトとショートの間にフライを打ちあげます。レフトのジョージ・アルトマン選手はショートの飯塚佳寛選手と激突し、ボールは転々と外野へ転がっていきました。アルトマン選手はボールの転がる方を見もせず、意識を失った飯塚選手を懸命に介抱しました。その間に一塁走者が生還し、これが決勝点となり、ジャイアンツの日本シリーズ優勝が決まってしまいます。しかし、失点を防ぐことよりも、試合の勝敗よりも、意識を失った同僚の介抱を優先したアルトマン選手の姿勢は、ジャイアンツの敵将・川上哲治監督はじめ多くの人に深い感動を与えました。筆者は小学校1年生でしたが、11月4日に早速小学校の授業で話題として取り上げられたのを覚えています。

　アルトマン選手はカブス、カージナルス、メッツで合計9年間、991試合に出場し、832安打、101本塁打を記録していました。当時日本にやってくるアメリカ人選手のほとんどがマイナー・リーガーだったなか、珍しい堂々たるメジャー・リーガーでした。敬虔なキリスト教徒で、チャリティー活動に熱心である一方、酒タバコをたしなまず、ラフな格好をせず、練習は手を抜かず、おごることもなく、模範となる選手でした。ゲームよ

りもチームメートの救助を躊躇なく優先したこのプレーはその人柄を裏付けるものでした。

　これには時代背景の説明が必要でしょう。1969 年の末からプロ野球界はその存立を揺るがす「黒い霧事件」と呼ばれる大規模な八百長事件に悩まされます。1970 年はもっとも「黒い霧事件」に揺れ続けた一年でした。各チームの主力選手（特に投手）が永久追放処分（6 名，のちに 1 名は解除）や出場停止処分などの厳しい処分を受けました。リーグを制覇したジャイアンツやオリオンズも例外ではありませんでした。各球団とも選手の「人間教育」（言い換えれば「道徳教育」）をどうするかに悩んでいました。川上監督はもっとも「人間教育」に力を入れる監督として知られていました。当時のジャイアンツの中心選手，長嶋茂雄選手と王貞治選手は，選手としての実力も超一流であるけれども，大変な人格者としても知られていました。川上監督はアルトマン選手のふるまいを見て「さすが，メジャー・リーガーだ（当時は大リーガーという表現でしたが）」との思いを強くしたのでしょう。「一流の野球選手であるためには選手としての技術だけではなく人間としても一流でなければならない」という自説を裏付ける例を見せられ，感動したというわけです。

(2)　1977 年 4 月 29 日　阪神タイガース 佐野仙好選手のフェンス激突事故

　1977 年 4 月 29 日，川崎球場（当時，大洋ホエールズ［現在の横浜 DeNA ベイスターズ］の本拠地）で大洋ホエールズ対阪神タイガースの 3 回戦が行われていました。タイガースが 7 対 6 とリードして迎えた 9 回裏にホエールズは一死一塁という場面で，清水透選手がレフトフェンス際に大きなフライを打ちあげます。タイガースのレフト佐野仙好選手は捕球しましたが，コンクリートむき出しのフェンスに激突し，気を失います。のちに頭蓋骨の陥没骨折とわかる大変な重傷だったのですが，センターの池辺巌選手が佐野選手の様子を見て動転し，担架を要請します。しかし，タイムはかけられず，その結果，一塁走者がタッチアップしてホームインし同点になってしまいます。

阪神タイガースは猛抗議し，提訴試合になりましたが認められませんでした。なぜなら審判員はプレー中にタイムをかけられないという野球規則があるからです。もちろん，突発事故があった場合にはボールデッドとなるということも認められていますが，佐野選手のけがは突発事故と認められないというのが当時の審判団，および提訴を受けて開かれたセントラル・リーグ考査委員会の見解でした。ただし，この事故は野球規則の改正につながり，「プレーヤーの人命に関わるような事態など，プレーを中断すべき事態であると審判員が判断したときには，プレーの進行中であっても，審判員はタイムを宣告することができる」という一文が加えられました。また，フェンスにはラバーを貼る，あるいは金網にする（ラッキーゾーンなど）ということも決められ，全球場で実施されました。

　ちなみに，その後，佐野選手は，復活して阪神タイガース一筋16年で1,549試合に出場し，1,316安打，144本塁打を記録しました。1985年の日本一のときにも，いぶし銀の働きをする貴重な戦力として活躍しました。

(3) 2018年4月4日京都府舞鶴市　大相撲春巡業「女性の方は土俵から降りてください」

　2018年4月4日，京都府舞鶴市で大相撲の春巡業が行われていました。当時67歳だった舞鶴市長はあいさつのため土俵に立ちましたが途中で倒れました（のちに判明したところではくも膜下出血）。たまたま看護師の女性が土俵近辺におり，その女性を含む合計4名の女性と数名の男性が土俵に駆け上がり救命活動をしようとしたところ，行事による「女性の方は土俵からおりてください」という場内アナウンスが3回流れました。たしかに日本相撲協会では女性が土俵に上がることを認めておらず，過去に太田房江大阪府知事が大阪府知事賞の授与をするため土俵に入るかどうかをめぐってひと悶着ありました。日本相撲協会には「人命よりも伝統のほうが大事か」と批判が寄せられました。当日の夜に日本相撲協会の八角理事長は不適切な対応であったことを認め謝罪しました。この時期の相撲界は親方や先輩力士による暴力事件などで揺れ続けており，相撲部屋の古い体質が批判されていました。このアナウンスも相撲界の時代錯誤な古い体質をあら

わにしたものとして厳しく批判されたわけです。

　以上，野球や相撲といったスポーツの場面において，いずれも人命とかかわる重大な事故が発生した際に，勝敗，あるいは規則，あるいは伝統と救命活動のいずれを優先するのかということです。もちろん，慣習やモーレス，法は軽んじられてはならないでしょう。しかしただ，それを条件反射的に守っていればいいということではなく，場合によってはそれを超える新たな，より高い次元の価値を生み出すことが，重要であり，そこで人としてどうかが問われるのだということなのでしょう。その的確な判断ができるための教育が道徳教育に求められるのでしょう。

　「星野君の二塁打」の話に戻りましょう。従来，この話は先に述べたとおり，「規則の遵守」という価値を教えるために用意された教材です。しかし，監督の指示は絶対なのでしょうか。もし監督の指示が間違っていたら，監督の指示に逆らう，あるいは無視することは可能なのでしょうか。吉田甲子太郎が原作を書いた時期の体育会系クラブでは，想定しづらい出来事です。指示に逆らうような選手は叱責を受けたうえ，試合に使ってもらえなくなるなど，選手として致命的なペナルティを受けることでしょう。これは現在でも大きく変わらないと思います。

　それを例証するものとして，寺脇研（2018）は日本大学アメリカンフットボール部の悪質タックル事件を引き合いに出しています。2018 年 5 月 6 日に行われた日本大学のアメリカンフットボール部 フェニックスが関西学院大学のアメリカンフットボール部 ファイターズとの定期戦において悪質なタックル事件を仕掛けた事件です。フェニックスのディフェンスラインの選手がプレーを終えたファイターズのクォーターバックの選手に対して背後から悪質なタックルをして負傷させたものです。のちにこのタックルを仕掛けた選手が記者会見を行い，同大学の常務理事でもある監督と，コーチの指示によるものだったと告発し，タックルした相手に謝罪しました。この選手の会見からも，監督等の指示に逆らうなどということは，現代ですら考えにくいことであるということがわかります。この事件をきっかけに，「星野君の二塁打」をどういう教材として扱うべきかという議論

も盛んになってきているようです。

　なお，この問題に関する寺脇研の議論は共感するところの多い議論ですが，現代では「送りバント」という表現を使うのであって「犠牲バント」という表現は使わないという指摘は間違っています。両方とも使われ，公式記録では「犠打」という言葉が今も使われています。英語でも"sacrifice bunt"という表現が用いられています。ちなみに「犠飛」と記録用語で表現される「犠牲フライ」には「送りフライ」という表現はありません。英語でも"sacrifice fly"という表現になっています。犠打にしろ，犠飛にしろ，試合をする上で重要な戦術です。ちなみに「MLBでは減少一途も，NPBは50年前と変わらず…送りバントの歴史と達人｜Full-Count（2022年4月30日閲覧）」によるとNPBでは1970年には1試合当たり0.63本，それに対し2019年では1試合当たり0.65本とほぼ変わらない数字となっています。ところが，MLBでは1970年には1試合当たり0.42本，2019年には0.16本と減少しています。ただし，MLBでは1973年からアメリカン・リーグで指名打者制度が導入されています。また2022年からはナショナル・リーグでも指名打者制度が導入されたため，今後さらに犠打数は減少するものと予測されます。NPBでは1975年からパシフィック・リーグで導入されましたが，セントラル・リーグでは採用されていません。

　中には下記のような例も出てきています。「選手の"サイン無視"も大歓迎　強豪ボーイズ監督が引き継ぐ甲子園40勝の名将の教え（Full-Count）- Yahoo!ニュース（2022年4月30日閲覧）」によると，茨城県の中学硬式野球チーム「江戸崎ボーイズ」は選手の判断による「サイン無視」を歓迎しているということです。これは極端な例かもしれません。ただこの「江戸崎ボーイズ」の渋谷康弘監督は常総学院高野球部時代に名将と呼ばれた故・木内幸男監督の指導を受けたとのことです。木内監督の野球は「のびのび野球」と称され，取手二高監督時代の1984年に夏の甲子園大会に出場した際には決勝戦でPL学園高と対戦します。当時のPL学園には清原和博，桑田真澄のKKコンビをはじめ，のちにプロ野球界入りを果たす選手が目白押しでした。取手二高は延長10回の末，PL学園を8対4で下して優勝するのですが，この時話題になったのは取手二高選手たちのリラッ

クスしきった姿でした。笑顔が絶えず，派手なポーズも頻出し，木内監督
も（厳しい顔をする場面もあるものの）笑顔が絶えない監督でした。今でこ
そ，珍しくはないかもしれませんが，これらは当時の高校野球界では極め
て珍しく，話題になったわけです。対する PL 学園は全寮制のもと，先輩・
後輩関係などの規律の厳しさで知られていました。KK コンビが卒業した
直後の 1986 年 6 月には野球部内でいじめが原因で部員の死亡事件が起き
ています。

　この PL 学園のような規律の厳しい野球部がほとんどだったなか，監督
も選手も試合中に笑顔を見せ，リラックスした姿を見せるのは異例中の異
例でした。渋谷監督はその教えを引き継いでいるというわけで，木内監督
も選手が自分で考えてサインを無視したときは喜んだということです。

　「星野君の二塁打」は現代においては，規範や規則を守ることの大切さ
を学ぶ教材としてではなく，そもそも規範や規則とは何かを考える教材と
して活用すべきなのではないでしょうか？

　話をいじめ問題に戻すと，規範意識を強化するという前にそもそも規範
とは何かを子どもたちに考えさせることが必要なのではないでしょうか。
平時においては規範は守らねばならないものですが，突発事態が起こった
時，規範よりも優先しなければならないことが起きた時，どうふるまうの
か，こういったことからしっかりと考えさせることが自律的な判断のでき
る子どもを育てることにつながるのではないでしょうか。

　デュルケムは『道徳教育論』においてこのことを的確にまとめています。

　われわれは，あらゆる観察や説明に先がけて設定される道徳の概念から
　出発して，道徳的行為がその名に値するにはいかなるものでなければな
　らないかを探求する，というようなことはしない。それとは反対に，わ
　れわれの道徳的良心が道徳的とみなすような行為とは，いかなるもので
　あるかを，観察することからはじめよう。道徳的良心の承認する行動様
　式とはどんなものであり，また，そのような行動様式はいかなる性格を
　持つのであろうか。われわれが児童を形成するのは，現実に存在しない
　抽象的道徳のためではなく，現に実在する，あるいはやがては実在する

ことになる現実的道徳のためでなければならない。どんな場合も，われわれはまずここから出発しなければならないのである（麻生・山村訳 2010, p. 120）。

引用・参考文献

- 池田賢市（2021）『学びの本質を解きほぐす』新泉社
- 内田樹（2022）『複雑化の教育論』東洋館出版社
- 内田樹・寺脇研・前川喜平（2022）『教育鼎談―子どもたちの未来のために―』ミツイパブリッシング
- デュルケム，エミール（麻生誠・山村健訳）（2010）『道徳教育論』講談社
- 貝塚茂樹（2016）「『なぜ，いじめはいけないのか』『いじめられる側にも問題はないのか』…いじめの本質考える道徳教育が必要だ」『産経新聞』2016年11月16日「解答乱麻」欄
- 功刀俊雄・栁澤有吾編（2021）『「星野君の二塁打」を読み解く（奈良女子大学文学部〈まほろば〉叢書）』かもがわ出版
- 子どもの規範意識向上推進委員会（2011）『子どもの規範意識の向上をめざして―「子どもの規範意識向上推進委員会」提言―』奈良県教育委員会
- 作田誠一郎（2020）『いじめと規範意識の社会学―調査から見た規範意識の特徴と変化―（佛教大学研究叢書）』ミネルヴァ書房
- 鈴木翔（解説 本田由紀）（2013）『教室内カースト』光文社
- 寺脇研（2018）『危ない「道徳教科書」』宝島社
- 東京都教育委員会（2015）『子供たちの規範意識を育むために』東京都教育庁指導部義務教育指導課
- 冨永良喜・森田啓之・兵庫教育大学企画課社会連携事務室編（2014）『「いじめ」と「体罰」その現状と対応―道徳教育・心の健康教育・スポーツ指導のあり方への提言―』金子書房
- 藤川大祐（2018）『道徳教育は「いじめ」をなくせるのか―教師が明日からできること―』NHK出版
- 水野君平・太田正義・加藤弘通（2018）「道徳教育による規範意識の涵養といじめ問題の関連―小中学生を対象とした自己／他者の罪悪感といじめ調査からの一考察

—」『心理科学』第 39 巻第 2 号，心理科学研究会，pp. 1-8

- 森口朗（2018）『誰が「道徳」を殺すのか—徹底検証「特別の教科 道徳—』新潮社
- 大和久勝・今関和子・笠原昭男（2019）『いじめ・ジェンダーと道徳教科書—どう読む，どう使う—』クリエイツかもがわ

課題

❶ 法律と道徳はどのような関係にあるのでしょうか。
   説明してください。
❷ 道徳教育の究極の目的はどこにあるのでしょうか。
   説明してください。
❸ いじめ問題の解決に道徳教育はどのような形で貢
   献するのでしょうか。説明してください。

ディスカッション

いじめといじりはどう異なるのか，異ならないのか，考
えてみよう。

〈MEMO〉

第 **9** 章

道徳教育における人権の視点
―「主体性」に着目して―

キーワード　道徳教育，子どもの権利条約，人権，主体性

👉 要旨

　本章は，小学校と中学校の学習指導要領における道徳科において，「主体性」がいかに捉えられているのかを考察する。道徳教育は，日本国憲法において掲げられている基本的人権の尊重に配慮しながら進めることが求められている。また，2023年4月にこども基本法が施行されたことで，国際条約である子どもの権利条約にも遵守した学校教育の実施が掲げられている。本章では，子どもの権利条約における主体性について概観するとともに，国内における人権教育に関する制度構築を考察することで，道徳教育で重視されている「主体性」といかに関連しているのか（否か）を論じている。

❶ 本章の目的

　本章の目的は，小学校および中学校学習指導要領における道徳科に着目し，子どもの権利条約における子どもの「主体性」がいかに捉えられているのかを考察することである。

　道徳教育は，2015（平成27）年に学習指導要領が一部改正され，特別の教科として取り扱われるようになった。学習指導要領において道徳教育は，「人間尊重の精神と生命に対する畏敬の念を前提に，人が互いに尊重し協働して社会を形づくっていく上で共通に求められるルールやマナーを学び，規範意識」を形成することを目的の一つとして掲げている。つまり，自身

と他者の人権を尊重し，社会生活を送る上で必要な価値観や規範を学ぶことを目指している。こうした道徳教育の実践には，人権の視点が深く関わるといえよう。

　日本では，日本国憲法第 11 条において基本的人権が尊重されており，2000 年に制定された「人権教育及び人権啓発の推進に関する法律」によって人権教育の実施が推進されている。これによって，地域，社会，学校における人権教育の実施が推奨されている。同法律によって，各地方自治体における人権教育の計画も公開されている。また，子どもの権利に着目した国際条約として，子どもの権利条約がある。日本は 1994 年に同条約に批准し，文部科学省通達において各自治体における教育機関では子どもの権利条約を尊重した教育環境の設定の重要性を掲げている。子どもの権利条約に批准したことによって，その条約の遵守が法的に効力をもつことになる。つまり，日本における教育現場のみならず，社会全体で子どもの権利を尊重しなければいけないのである。

　しかし，日本における人権教育の実施については，生徒が人権を学ぶと権利の主張ばかりしてわがままになるという，いわゆる「わがまま助長論」をもとに，否定的な意見が存在する。例えば，1996 年の毎日新聞の記事によると，千葉県が子どもの権利条約の実施状況や教育活動に関する調査を行ったところ，生徒がわがままな権利を主張するようになることを教員は懸念しているという（毎日新聞 1996）。

　学校現場で実施する際，分野横断的に実施することや，各科目において人権は意識される。特に教育現場での実践を考察する際，道徳科や道徳教育が対象となってきた（柴原 2013，池田 2018 など）。また，道徳科においても人権との接点が模索されてきた。道徳教育は，「人が一生を通じて追求すべき人格形成の根幹に関わ」る価値観を醸成し，「民主的な国家・社会の持続的発展を根底で支える」ことにつながる知識，態度を身につけることが目指されている。さらに，「内省しつつ物事の本質を考える力や何事にも主体性をもって」行動できる力を育むことも目標の一つとしている。道徳教育では，社会において自ら考え，主体性をもって行動するための価値観をもつことで，民主的な社会の形成につながることを掲げている。社

会を構成する主体として，「多様な価値観の存在を認識しつつ，自ら感じ，考え，他者と対話し協働しながら，よりよい方向を目指す資質・能力」を身につけることにも言及している。つまり，道徳教育を通じて知識，資質，能力を身につけるだけでなく，主体的に行動することも求められているのである。主体性の養成を目的の一つとした教育科目なのであるならば，どのような能力や資質を身につけた主体性が求められているのであろうか。また，子どもの権利条約で掲げられている主体性とはいかに異なるのか（もしくは同じなのか）。日本では，子どもが権利を主張することがわがままと捉えられる風潮がある中で，道徳科における「主体」とどのような接点をもちえるのだろうか。

　本章の構成は次の通りである。第2節において，道徳教育と人権教育に関する先行研究を整理する。第3節において，子どもの権利条約が採択された経緯と，日本の国内法における対応について整理する。第4節では，人権教育における「主体」について考察する。第5節では，小学校および中学校の学習指導要領　特別の科目「道徳」において，いかに子どもの「主体」を形成することを掲げているのかを考察する。第6節において，道徳教育における人権の視点について，「主体」の相違点について明らかにする。これらを踏まえて，道徳教育を実施する際の「主体」の取り扱いかた，わがままを助長するための人権教育ではなく，自身と他者の人権を尊重するために主体性を促すための人権教育であることを主張したい。

❷　先行研究

　道徳教育と人権教育は，道徳科の教科書や学習指導要領における人権の観点，寛容や多文化共生と関連づけた両教育の接点などについて考察されてきた。

　柴原弘志（2013）は，道徳教育と人権教育は，教育実践，教育内容において，重なる部分が多いと言及する。柴原は，学校での教育活動全体において道徳的価値を構造化させることで，人権教育と関連した教育実践が可能だとして，自身の教育活動に関する実践報告を行っている。

　渡邊弘（2016）は，道徳教育と人権教育は生き方や価値観に関連する教

育として共通点が多いことに言及し，それぞれの共通点と独自性に着目し
ながら「尊重」と「対話」の観点から道徳教育と人権教育の関連性と役割
について考察している。道徳教育において育まれる道徳性とは，道徳的習
慣を身につけ，それを日常生活において常に意識し，行動することである。
その道徳的習慣を必要な場面で発揮できるような道徳的自律性を養うこと
が重要であるという。人権教育は，人間の尊厳や生き方に関わるもので，
人間が社会生活を送る上での行動原理に関わる価値観を養うものだという。
こうした特徴を踏まえて，渡邊は，道徳教育と人権教育は，家庭，社会，
学校生活全体で教えられる必要があること，相互に関連して教育実践され
る必要があること，アクティブ・ラーニングを通じて対話に重点をおいて
実践することを指摘する。道徳教育と人権教育における共通理念を掲げ，
「尊重」と「対話」を意識して実践されることが重要だと提案する。

　道徳教育と人権教育との接合の可能性について検討した先行研究として，
池田賢市（2018）によるものがある。池田は，道徳が教科として扱われる
ようになってから，両者が同時に行われることが難しくなったと指摘する。
教科になったことで，評価の対象となったからである。しかし，教科化し
た道徳においても，引き続き人権の視点を取り入れることの重要性につい
て言及している。道徳の単元を実践していくにあたり，より深く学ぶため
には人権や，国際理解，環境保護といった他分野へと学びを広めることで，
身近な課題として捉えられるという。道徳が教科化したことによって価値
観の押し付けにならないように配慮し，子どもの多様な在り方を肯定的に
捉えられるように両者の教育活動を組み合わせて実践されることの必要性
を論じている。

　木村裕子と上原秀一（2021）もまた，道徳教育において人権教育の視点
を取り入れた実践について言及している。両教育活動の共通点として，「知
的理解を基に物事を判断し，実践的な行動へと結び付けていく点」（p.
307）があると言及し，「道徳的価値の理解を基に，道徳的実践意欲や態度
を育てることに主眼を置くことで，人権教育の目標に迫ることができる」
（p. 307）という。木村・上原は，教材「となりのせき」を取り上げて，道
徳的視点と人権教育の視点を取り入れた教育実践を紹介している。道徳科

の学習内容である「公正」や「公平」について，より多角的に学ぶために「他者の人権を守ろうとする意識・意欲・態度」につなげていくための実践を提案している。道徳科における教育内容をより充実させるためにも，人権教育との融合は効果的だと考えられる。

多文化共生の観点から「寛容」に着目した藤井基貴ら（2013）は，道徳教育において「寛容」がいかに捉えられているのかを分析し，道徳の授業においていかに実践できるのかを考察している。日本の道徳教育における寛容とは，「謙虚」とともに捉えられており，謙虚さや配慮の先に寛容を備えられるという。藤井らは，「謙虚」であることから，「差異を忍容すること」（p.133）で，寛容の機能をより広めることが必要だと指摘する（藤井ら 2013）。

増井真樹（2014）は，自らが人権擁護委員として担う「人権教室」の実践経験から，生徒が「受け身になり，指導者の発言を聞くばかりの態度」（p.199）や「消極的な態度」（p.199）であることに課題を感じ，道徳科の学習指導要領に則って，生徒が主体的に取り組める人権教室を検討した。増井は，いじめをテーマにして，生徒が主体的に話し合いができる教育実践を提案している。主体性を授業だけで育むのではなく，生活全体において主体性をもてるようにする必要があるという。

ただし，増井による先行研究では，主体的とは自発的にみずから発言や行動することを指しており，道徳教育と人権教育における「主体性」の違いにまで言及されていない。日本では，子どもが権利を主張することがわがままと捉えられる風潮がある中で，道徳科における「主体」とどのような接点をもちえるのだろうか。同じ「主体」という語を用いながらも，その意味している内容は異なる。道徳教育において子どもの人権条約における主体がいかに捉えられているのか，道徳教育と人権教育の「主体」の相違点について考察する。

❸ 子どもの権利条約と日本におけるこども基本法

子どもの権利条約は，1989年の第44回国連総会において採択され，2023年では196ヵ国が批准・締約している。同条約では，子どもを18歳

未満の人と明記し，子どもが権利もつ主体であることを示している。子どもは，大人に従属した存在ではなく，ひとりの人間として成長し，守られ，参加する権利を有していることを定めている。ユニセフによると，子どもの権利条約には 4 つの基本的な権利が定められている。すなわち，第 2 条「差別の禁止」，第 3 条「子どもの最善の利益」，第 6 条「生命，生存および発達に対する権利」，第 12 条「子どもの意見の尊重」である。第 2 条「差別の禁止」では，すべての子どもは，自身や親の人種，国籍，性，意見，障害，経済的状況などあらゆる理由で差別をされないことを定めている。第 3 条「子どもの最善の利益」では，子どもに関する決定が行われる際は，「子どもにとってもっとも良いこと」を優先にして考えることを意味している。第 6 条「生命，生存および発達に対する権利」では，すべての子どもの命が守られ，生まれ持った能力を伸ばすことができるように医療，教育，生活への支援を受けることを定めている。第 12 条「子どもの意見の尊重」では，子どもは自身に関係のある事柄について，自由に意見を表すことができることを意味している。その際，大人は，子どもの発達に応じて子どもの意見を考慮することが求められている。

　子どもの権利条約には，3 つの選択議定書が採択されている。選択議定書にすることで，個別に国が締結することが可能となっている。その 3 つとは，次の通りである。

(1)　子どもの売買，売春およびポルノに関する選択議定書（2000 年 5 月採択，2002 年発効）

(2)　武力紛争における子どもの関与に関する選択議定書（2005 年 5 月採決，2002 年 2 月発効）

(3)　個人通報制度に関する選択議定書（2011 年 12 月採決，2014 年 4 月発効）

　(1) については，子どもの人身売買や性的搾取の禁止を強化している。日本は 2005 年に批准した。(2) は，18 歳未満の子どもを武力紛争において直接関与させないことを定めている。日本は 2004 年に批准した。(3) は，子どもの権利が侵害された状況において，国内で手段が尽くされた場合に，子ども人権委員会に通報できる制度のことである。日本は，子ども

の権利条約をはじめとする他の国際人権条約においても，個人通報制度に関する選択議定書に批准していない。

　子どもの権利条約への日本の批准は，国内の法整備，教育基本法，地方自治体の条例の策定，子ども基本法の策定など，子どもの権利を守ることに向けた動きとなった。国内の法整備としては，子どもの権利委員会から指摘を受けて，財産分与にかかる子どもの区別を禁止することとが挙げられる。それまでは財産分与にあたっては，父母の婚姻関係のもとで生まれた子どもを対象としていたが，婚姻関係を結んでいない間柄で生まれた子どもも，財産を相続する権利があることを認めた。子どもはいかなる出生によっても差別を受けないとする子どもの権利条約を反映したものである。

　子どもの権利条約の批准を受けて，文部科学省は1994年，全国の教育委員会に向けて，すべての教育機関（小学校，中学校，高等学校，高等専門学校，特別支援学校，看護学校，幼稚園，大学等）において，子どもの権利条約を踏まえた教育指導の実施を求めた。基本的人権の尊重と，子どもの権利と義務に関する理解を深めることを求めている。また，子どもの意見を表明する権利や表現の自由が尊重されていることにもふれ，「教育目的を達成するために必要な合理的範囲内」で指導することを通達している。文部科学省による通達に従って，国内のすべての教育機関は，子どもの権利条約における内容を遵守して教育活動に取り組むことが求められている。

　児童福祉法は，1947（昭和22）年に制定され，保育所，乳児院，助産施設，児童養護施設，知的障害児施設など，子どもの福祉を守るための公的組織や施設を対象とした法令である。子どもの権利条約の締結後，2016年に，その理念を受けて児童福祉法が改正された。改正では，第1条において，すべての子どもが，子どもの権利条約の精神に則って，適切に養育され，生活が保障されること，教育を受けられることを保障している。

　地方自治体では，例えば，神奈川県川崎市が「川崎市子どもの権利に関する条例」を2000年に公布（2001年4月施行）した。同条例では，「子どもは，権利の全面的な主体である」とし，「子どもの最善の利益の確保，子どもの権利について学習することや実際に行使することなどを通して，子どもは，権利の認識を深める」ことができると定めている。また，子ど

もを,「大人とともに社会を構成するパートナー」として,社会に参加する権利をもつことを定めている。他にも,東京都豊島区「豊島区子どもの権利に関する条例」や愛知県名古屋市「なごや子どもの権利条例」などがある。

　子どもの権利条約と日本国憲法の精神に則った法令として,こども基本法が 2023 年 4 月に施行された。同法では,子どもの基本的人権を保障し,差別を受けないようにすることを基本理念としている。また,適切に養育されること,発達に応じて自身の意見を表明する機会が確保されること,社会活動に参加する機会が確保されることが定められている。さらに,この法律では 5 年ごとに法律の実施状況を自治体が国に報告することを求めており,子どもの環境をより良くする措置を実施することについても検討することを明記している。

　子ども基本法が,子どもの権利条約に批准してから 29 年経過して施行されたのには,少子化が進む一方で,いじめや虐待などの事例が増加していることが背景にある。子どもが,自身の権利について理解し,権利ある主体として行動できるようになるためには,教育現場において子どもが有している権利について学ぶ人権教育が実施されることが重要である。

❹ 人権教育における「主体」

　人権教育は,「人権尊重の精神の涵養を目的」とした教育と定義されており,2000 年 12 月に制定した人権教育及び人権啓発の推進に関する法律において定められている。学校,家庭,地域,職場などの社会全般において,人権に関する精神と理解を涵養することが掲げられている。学校教育現場での実践に関しては,文部科学省が人権教育の知識的側面,価値的・態度的側面,技能的側面の育成を掲げている。これによると,知識的側面とは,人権の歴史や現状に関する知識,人権に関する国内外の法律の知識,人権を尊重し,人権問題を解決するための知識のことを指している（武2021）。価値的・態度的側面は,人権問題に対処し,人権尊重のための態度と価値観を身につけることを意味する。技能的側面は,人権尊重の価値観や態度を内面化するために必要なコミュニケーション力,人権問題に対

する批判的考察，問題解決力を身につけることである（武 2021）。

　1994 年，国連が「人権教育のための国連 10 年行動計画」を表明し，2011 年には「人権教育及び研修に関する国連宣言」を掲げた。これを受けて，日本は 1995 年に「人権教育のための国連 10 年の国内行動計画」を表明した。これは，憲法における基本的人権の尊重，世界人権宣言などの国際文書に則り，人権の概念が広く理解されること，あらゆる場における訓練，研修，情報発信がなされることを目標として掲げている。人権教育で取り上げる重要課題として，女性，子ども，高齢者，障害者，同和問題，アイヌの人々，外国人，HIV エイズ感染者などを挙げている。1996年，人権擁護施策推進法が制定され，これによって人権擁護のための体制を構築することを国の責務とした（後の 2002 年に失効）。この法律では，人権擁護推進会議が設置された。人権に関する学識者 20 名から構成されたが，同法の失効に伴って解散となった。その後 2000 年「人権教育及び人権啓発の推進に関する法律」が制定され，人権教育と人権啓発のために，学校，地域，家庭，職場において人権に関する理解を深め，人権尊重のための行動をとることが求められている。また，同法では，人権教育を「人権尊重の精神の涵養を目的とする教育活動」，人権啓発を「国民の間に人権尊重の理念を普及させ，及びそれに対する国民の理解を深めることを目的とする広報その他の啓発活動（人権教育を除く）」と定義している。2002 年，「人権教育・啓発に関する基本計画」が閣議決定した。

　「人権教育・啓発に関する基本計画」によると，小学校，中学校，高等学校における人権教育は，「各教科，道徳，特別活動等のそれぞれの特質に応じて学校の教育活動全体を通じて人権尊重の意識を高める教育」が実施されている。特に，道徳と関連して「だれに対しても差別することや偏見をもつことなく公正，公平にし，正義の実現に努める」，「公徳心をもって法や決まりを守り，自他の権利を大切にし進んで義務を果たす」ことで，人間の尊厳や基本的人権の保障への理解を深めているという。

　人権教育の実施に関しては，実施する側の裁量に委ねられる。上述の「人権教育・啓発に関する基本計画」では，「子どもを単に保護・指導の対象としてのみとらえるのではなく，基本的人権の享有主体として最大限に尊

重されるような社会の実現を目指して」人権教育を実施することを推進している。

　人権教育にける「主体」とは，子どもの権利条約において認められている，生きる権利，育つ権利，守られる権利，参加する権利について，子ども自身がこれらを持っていることを認識し，侵害されることなく行使できる権利を有している人であることを指している。

❺ 道徳科における「主体」

5−1. 道徳教育と道徳科

　道徳教育は，戦前においては「修身」で実施されていた。戦後，1947年の学校教育法施行規則に道徳はなかった。1958年に改正された学校教育法施行規則において，教育課程で「道徳の時間」が編成されるようになった。1958（昭和33）年（小・中），1960（昭和35）年（高）において，道徳教育は学校での教育活動全体を通して行うことが示された。また，小・中学校においては，週に1単位に相当する時間，道徳の時間を特別に設けることが示された。1968（昭和43）年（小），1969（昭和44）年（中），1970（昭和45）年（高）に改訂された学習指導要領では，道徳教育と道徳の時間の目標を明確に示した。また，道徳教育を実施する各教科や特別活動との関連性についても明記した。道徳の時間を実施するための教材も作成され，2002（平成14）年には「心のノート」が，2014（平成26）年には「私たちの道徳」が配布された。学校における道徳の時間や教育活動全般や，家庭で活用されることを想定して作成され，「私たちの道徳」については子どもたちが道徳的価値について考察し，行動できることを目指したものである。

　道徳教育が，特別の教科「道徳科」として実施されるようになったのは，2015（平成27）年3月に告示された小学校・中学校学習指導要領においてである。「学校における道徳教育は，特別の教科である道徳（道徳科）を要として学校の教育活動全体を通じて行うもの」と定め，子どもの発達段階を考慮して適切に指導することが求められている。道徳教育は，「教育

基本法及び学校教育法に定められた教育の根本精神に基づき」,「主体的な判断の下に行動し,自立した人間として他者と共によりよく生きるための基盤となる道徳性を養う」ことを目標としている。

　道徳教育における目標は,「道徳的価値についての理解をもとに,自己を見つめ,物事を多面的・多角的に考え,自己の生き方についての考えを深める学習を通して,道徳的な判断力,心情,実践意欲と態度を育てる」ことである。道徳科の構成は,次の4つから成り立っている。(1) 自分自身に関すること,(2) 人との関わりに関すること,(3) 集団や社会との関わりに関すること,(4) 生命や自然,崇高なものとの関わりに関すること,である。

　次項では,小学校学習指導要領,中学校学習指導要領における道徳科の内容項目について,いかに「主体」が捉えられているのかを考察する。

5-2. 小学校

　2017(平成29)年に学校教育法施行規則の改正と小学校学習指導要領の改訂を行い,2018(平成30)年から実施されている。

　道徳科の教育の方向性は,価値観の押し付けを排除し,主体的に自分自身で考えて行動できる指導である。道徳科は,各子どもが,「道徳的諸価値についての理解を基に,自己を見つめ,物事を多面的・多角的に考え,自己の生き方についての考えを深める学習を通して,内面的資質としての道徳性を主体的に養っていく時間」としている(小学校学習指導要領(平成27年)告示,解説 p.8)。

　道徳科の内容は4つの視点を重視することが求められている。(1) 自分に関すること,(2) 他者との関わりに関すること,(3) 集団や社会との関わりに関すること,(4) 自然や生き物との関わりに関すること,である。道徳教育は,これら4つの視点を含めて,主体性をもって物事に向き合える内面性の養成を掲げている。

　小学校学習指導要領における「主体」「主体性」とはいかに捉えられているのだろうか。

(1)　自ら考えて行動をする

　道徳科の内容の一つである，「自分に関すること」に関連する指導上の注意として，自分自身の良さに気づき自信を育むこと，主体性をもって課題に取り組むこと，個性を伸ばすことができるようになることを求めている。ここでいう主体性とは，自分で考えて行動することを指しており，自律的に行動できるようになることを意味している。

　「(3)　集団や社会との関わりに関すること」では，「主体性をもってきまりや規則を守ること」が挙げられている。「身近な集団に進んで参加し，自分の役割を自覚し，協力して主体的に責任を果たす」といったように，学校での集団生活におけるクラスメイトとのやり取りや学級活動での役割を認識して，行動することを挙げている。

(2)　道徳性を自ら進んで養う

　現代社会におけるさまざまな課題に向き合い，対処できるように行動するためにも，あらゆる事象を「深く見つめ，自分はどうすべきか，自分に何ができるかを判断し，そのことを実行する手立てを考え，実践できるようにしていく」ことが目指されている。内面的な省察を深く行い，自分自身がいかに関与することができるのかを考え，その判断を行動にうつして実践することが求められている。こうした行動を自律的にとることで，道徳性を育むことを求めている。

(3)　能動性をもって，考え続ける姿勢

　道徳教育において協調されていることの一つとして，「言われたままに行動するように指導しない」ことである。これは，「主体性」の反対を示す用語となっている。道徳的価値観の押し付けではなく，さまざまな社会的な課題に対して，何が問題で，どのように対応すればよいのかを自身で考え，行動につなげることが求められている。多様な価値観が対立することを想定し，より良い社会を築くための判断と行動について，考え続ける姿勢の形成を求めている。

　主体的に社会の形成に参画するために必要とされている知識と理解とし

て，個人の価値観を尊重すること，勤労を重んじること，正義と責任，男女の平等，公共の精神，環境保護，自国と他国の尊重，について知識と理解を育むことが，道徳教育の目標ともなっている。これらが，道徳教育を通して押し付けるのではなく，子どもたちが能動的に考え，涵養できるようになることを掲げている。

5−3．中学校

中学校における道徳科では，「社会を構成する主体である一人一人が，高い倫理観をもち，人としての生き方や社会の在り方について」，「多様な価値観の存在を認識しつつ，自ら感じ，考え，他者と対話し協働しながら，よりよい方向を目指す資質・能力を備える」ために必要な資質・能力の育成を掲げている。

中学校における道徳科の内容は，小学校と同様に4つの視点が重視される。(1) 自分に関すること，(2) 他者との関わりに関すること，(3) 集団や社会との関わりに関すること，(4) 自然や生き物との関わりに関すること，である。これらの視点について，「自主，自律，自由と責任」を重視することで，価値観の押し付けではなく自ら考えて行動できる資質の養成を目指している。

(1) 責任を伴う主体的な役割の認識

中学校学習指導要領では，「自ら考え，判断し，実行し，自己の行為の結果に責任をもつことが道徳の基本」としている。学校で教えられた道徳教育の内容が，価値観の押し付けではなく，自分で考えて判断し，行動し，その行動に責任をもつことが求められている。「自主，自律，自由と責任」を学ぶ過程で，自ら考え行動することが求められているが，なんでも自由に行動してもいいというわけではなく，責任をもって行動をすること，つまり責任を伴う主体的な役割を認識することが求められている。

責任を伴う主体的な役割は，社会の権利ある主体として行動することにもつながっている。権利の尊重を学ぶ過程において，権利と責任を果たすことを求めることであり，自己の自由にふるまうことを指しているわけで

はないことが，強調されている。

(2)　多様な視点を養い，行動する

　グローバル化社会において，多様な文化や価値観をもつ人々との交流の機会の増加が想定される。また，技術の進歩や社会・経済の変化のなか，「多様な価値観の存在を前提にして，他者と対話し協働しながら，物事を広い視野から多面的・多角的に考察する」ことを掲げている。これは，道徳教育において重視する４つの視点を踏まえて，「多面的・多角的に考察する学習」を指している。「道徳的諸価値の多面性に着目させ，それを手掛かりにして考察させて，様々な角度から総合的に考察することの大切さや，いかに生きるかについて主体的に考えることの大切さに気付かせることが肝要」とする。

(3)　人間としての生き方，あり方

　社会を形成する各個人が，自身の生き方に責任をもって生きなければいけない，と指摘する。「他者や社会，周囲の世界の中でその影響を受けつつ，自分を深く見つめ，在るべき自分の姿を描きながら生きて」いく必要があるため，人間とは何かという探求を人生をかけて問い続ける必要があるという。人間について深く理解することで，自己と他者への理解が深まるという。生き方を問い続けることで，「主体的な判断に基づく適切な行為の選択」や，「よりよく生きようとする道徳的実践」につなげることを提案している。

❻　道徳教育における人権の視点

　小学校，中学校の学習指導要領において，人権の「主体性」がいかに道徳教育の中に捉えられているのかを考察した。道徳教育では，(1) 自分に関すること，(2) 他者との関わりに関すること，(3) 集団や社会との関わりに関すること，(4) 自然や生き物との関わりに関すること，という４つの視点に着目して，主体性をもって行動できることを掲げている。
　道徳教育では，教育内容を通じて教えられる道徳的価値が，価値観の押

し付けにならないように指導することが求められている。そのため，「主体的」に物事を考え，「主体性」をもって物事の解決に向けて行動することが掲げられている。

　社会を構成する権利主体として生きるために，自己の人間としての生き方を追求し，他者や社会との交流を通じて，多面的・多角的に考察を深め，責任をもって行動することが掲げられている。道徳教育では，「自ら考え，行動する」ことができるように主体性を身につけ，能動的に社会に関われるようにすることが求められている。

　道徳教育を進めるにあたっての留意事項として，人間尊重の精神の関連項目に「基本的人権」が挙げられている。「日本国憲法に述べられている『基本的人権』や，教育基本法に述べられている『人格の完成』，さらには，国際連合教育科学文化機関憲章（ユネスコ憲章）にいう『人間の尊厳』の精神も根本において共通する」と学習指導要領で言及されている。「権利の尊重は，自他の権利の主張を認めるとともに，権利の尊重を自己に課するという意味で，互いに義務と責任を果たす」ことで，「具体的な人間関係の中で道徳性を養」うことが求められている。道徳教育の教育内容と，具体的な人権課題を取り扱って学ぶように人権教育を実施することで，接点を見出すことができる。例えば，教育内容の一つとして「思いやり，感謝」の心をもって人と接することが求められている。「思いやり，感謝」の気持ちをもつことを，価値観の押し付けでなく，子どもたちが自律的に学びとれるように指導することは，簡単なことではないだろう。これは，「思いやり」以外の教育内容にも通じる[1]。一方で「国際理解，国際貢献」や「相互理解，寛容」などは，人権教育で取り扱うテーマとの相互性を見つけることができれば，取り入れやすいと考えられる。各教育内容において，人権教育で取り扱う課題を具体的な事例として結び付けて，子どもたちに人権に関する知識と理解および道徳的価値の養成につなげることで関連性が見出すことが必要になると考えられる。

❼▶ 小　　括

　人権教育は，子ども基本法や文部科学省による通達によっても，その実

176

施が求められている。子どもは権利ある主体として，養育や教育を受けて成長する過程で，その主体性を行使することが認められている。子どもは，自身のもつ基本的人権について理解と認識を深め，社会と関わっていくことが重視されており，このことが学校における教育活動全般において人権教育として実施することが求められている。

　一方の道徳教育における主体性や主体とは，道徳的価値について自身で判断し，責任をもって行動することを意味する。道徳的価値について，自律的に自身の責任と義務について考えて，行動するという意味での「主体性」や「主体」が用いられている。つまり，主体と責任は，つねに表裏一体の関係といえる。これは，権利を教えるとわがままになるという言説に対して，責任を強調することで，権利の理解と行使につなげることを意味している。

　子どもの権利条約，こども基本法では，子どもは権利ある主体として認められ，自身の意見を発言する権利も認められている。自身のもつ権利を学び，他者の権利を尊重してその権利を行使することについて理解を深めることで，道徳教育における主体的な行動につなげることができると考えられる。

引用・参考文献

- 池田賢市（2018）「道徳教育と人権教育との接合の可能性と危険性」『教育学論集』中央大学文学部，第 60 巻，pp. 1-19
- 木村裕子・上原秀一（2021）「人権教育の視点を取り入れた道徳科の授業」『宇都宮大学共同教育学部教育実践紀要』第 8 号，pp. 307-310
- 柴原弘志（2013）「道徳教育と人権教育」『部落解放研究』No. 198，pp. 36-43
- 武寛子（2021）「自治体における人権教育基本方針に関する比較分析―人権教育とシティズンシップ教育に焦点をあてて―」『国際協力論集』Vol. 29, No. 1，神戸大学大学院国際協力研究科，pp. 147-162
- 藤井基貴・宮本敬子・中村美智太郎（2013）「道徳教育の内容項目『寛容』に関する基礎的研究」『静岡大学教育学部研究報告（人文・社会・自然科学篇）』第 63 巻，pp. 123-134

- 毎日新聞（1996）「『子どもの権利条約』に，先生たちは及び腰―『啓発せず』が22.8%」地方版／千葉，1996年6月23日
- 増井真樹（2014）「主体的に取り組む道徳の時間―『人権教室』の実践から―」『奈良学園大学紀要』第1巻，pp. 199-205
- 文部科学省（2015）『小学校学習指導要領（平成27年）告示　解説　特別の教科道徳』
- 文部科学省（2017）『中学校学習指導要領（平成29年）告示　解説　特別の教科道徳』
- 渡邊弘（2016）「道徳教育と人権教育の関連性について―『尊重』と『対話』の観点から―」『作大論集』作新学院大学 作新学院大学女子短期大学部，第6巻，pp. 205-213

 註

1　「思いやり，感謝」の他に，次の教育内容がある。「自主，自律，自由と責任」，「節度，節制」，「向上心，個性の伸長」，「希望と勇気，克己と強い意志」，「真理の探究，創造」，「礼儀」，「友情，信頼」，「相互理解，寛容」，「遵法精神，公徳心」，「公正，公平，社会正義」，「社会参画，公共の精神」，「勤労」，「家族愛，家族生活の充実」，「よりよい学校生活，集団生活の充実」，「郷土の伝統と文化の尊重，郷土を愛する態度」，「国際理解，国際貢献」，「生命の尊さ」，「自然愛護」，「感動，畏敬の念」，「よりよく生きる喜び」である。

課題

❶ 子どもの権利条約が，国内の人権教育の実施にどのような影響を与えたのか，説明してください。

❷ 道徳教育と人権教育との関係について，説明してください。

❸ 道徳教育において価値観の押し付けにならないような教育方法について，説明してください。

ディスカッション

　人権教育を実施することで，「子どもに人権を教えるとわがままになる」という言説があります。人権教育を実施すると子どもはわがままになるのでしょうか。考えてみましょう。

〈MEMO〉

小学校学習指導要領

第3章　特別の教科　道徳

第1　目　標

第1章総則の第1の2の(2)に示す道徳教育の目標に基づき，よりよく生きるための基盤となる道徳性を養うため，道徳的諸価値についての理解を基に，自己を見つめ，物事を多面的・多角的に考え，自己の生き方についての考えを深める学習を通して，道徳的な判断力，心情，実践意欲と態度を育てる。

第2　内　容

学校の教育活動全体を通じて行う道徳教育の要である道徳科においては，以下に示す項目について扱う。

A　主として自分自身に関すること

［善悪の判断，自律，自由と責任］

〔第1学年及び第2学年〕

よいことと悪いこととの区別をし，よいと思うことを進んで行うこと。

〔第3学年及び第4学年〕

正しいと判断したことは，自信をもって行うこと。

〔第5学年及び第6学年〕

自由を大切にし，自律的に判断し，責任のある行動をすること。

［正直，誠実］

〔第1学年及び第2学年〕

うそをついたりごまかしをしたりしないで，素直に伸び伸びと生活すること。

〔第3学年及び第4学年〕

過ちは素直に改め，正直に明るい心で生活すること。

〔第5学年及び第6学年〕

誠実に，明るい心で生活すること。

［節度，節制］

〔第1学年及び第2学年〕

健康や安全に気を付け，物や金銭を大切にし，身の回りを整え，わがままをしないで，規則正しい生活をすること。

〔第3学年及び第4学年〕

自分でできることは自分でやり，安全に気を付け，よく考えて行動し，

　　節度のある生活をすること。
　〔第5学年及び第6学年〕
　　安全に気を付けることや，生活習慣の大切さについて理解し，自分の生活を見直し，節度を守り節制に心掛けること。
［個性の伸長］
　〔第1学年及び第2学年〕
　　自分の特徴に気付くこと。
　〔第3学年及び第4学年〕
　　自分の特徴に気付き，長所を伸ばすこと。
　〔第5学年及び第6学年〕
　　自分の特徴を知って，短所を改め長所を伸ばすこと。
［希望と勇気，努力と強い意志］
　〔第1学年及び第2学年〕
　　自分のやるべき勉強や仕事をしっかりと行うこと。
　〔第3学年及び第4学年〕
　　自分でやろうと決めた目標に向かって，強い意志をもち，粘り強くやり抜くこと。
　〔第5学年及び第6学年〕
　　より高い目標を立て，希望と勇気をもち，困難があってもくじけずに努力して物事をやり抜くこと。
［真理の探究］
　〔第5学年及び第6学年〕
　　真理を大切にし，物事を探究しようとする心をもつこと。
B　主として人との関わりに関すること
［親切，思いやり］
　〔第1学年及び第2学年〕
　　身近にいる人に温かい心で接し，親切にすること。
　〔第3学年及び第4学年〕
　　相手のことを思いやり，進んで親切にすること。
　〔第5学年及び第6学年〕
　　誰に対しても思いやりの心をもち，相手の立場に立って親切にすること。
［感謝］
　〔第1学年及び第2学年〕
　　家族など日頃世話になっている人々に感謝すること。
　〔第3学年及び第4学年〕
　　家族など生活を支えてくれている人々や現在の生活を築いてくれた高齢者に，尊敬と感謝の気持ちをもって接すること。

〔第5学年及び第6学年〕

　日々の生活が家族や過去からの多くの人々の支え合いや助け合いで成り立っていることに感謝し，それに応えること。

〔礼儀〕

〔第1学年及び第2学年〕

　気持ちのよい挨拶，言葉遣い，動作などに心掛けて，明るく接すること。

〔第3学年及び第4学年〕

　礼儀の大切さを知り，誰に対しても真心をもって接すること。

〔第5学年及び第6学年〕

　時と場をわきまえて，礼儀正しく真心をもって接すること。

〔友情，信頼〕

〔第1学年及び第2学年〕

　友達と仲よくし，助け合うこと。

〔第3学年及び第4学年〕

　友達と互いに理解し，信頼し，助け合うこと。

〔第5学年及び第6学年〕

　友達と互いに信頼し，学び合って友情を深め，異性についても理解しながら，人間関係を築いていくこと。

〔相互理解，寛容〕

〔第3学年及び第4学年〕

　自分の考えや意見を相手に伝えるとともに，相手のことを理解し，自分と異なる意見も大切にすること。

〔第5学年及び第6学年〕

　自分の考えや意見を相手に伝えるとともに，謙虚な心をもち，広い心で自分と異なる意見や立場を尊重すること。

C　主として集団や社会との関わりに関すること

〔規則の尊重〕

〔第1学年及び第2学年〕

　約束やきまりを守り，みんなが使う物を大切にすること。

〔第3学年及び第4学年〕

　約束や社会のきまりの意義を理解し，それらを守ること。

〔第5学年及び第6学年〕

　法やきまりの意義を理解した上で進んでそれらを守り，自他の権利を大切にし，義務を果たすこと。

〔公正，公平，社会正義〕

〔第1学年及び第2学年〕

　自分の好き嫌いにとらわれないで接すること。

〔第3学年及び第4学年〕
　誰に対しても分け隔てをせず，公正，公平な態度で接すること。
〔第5学年及び第6学年〕
　誰に対しても差別をすることや偏見をもつことなく，公正，公平な態度で接し，正義の実現に努めること。
［勤労，公共の精神］
〔第1学年及び第2学年〕
　働くことのよさを知り，みんなのために働くこと。
〔第3学年及び第4学年〕
　働くことの大切さを知り，進んでみんなのために働くこと。
〔第5学年及び第6学年〕
　働くことや社会に奉仕することの充実感を味わうとともに，その意義を理解し，公共のために役に立つことをすること。
［家族愛，家庭生活の充実］
〔第1学年及び第2学年〕
　父母，祖父母を敬愛し，進んで家の手伝いなどをして，家族の役に立つこと。
〔第3学年及び第4学年〕
　父母，祖父母を敬愛し，家族みんなで協力し合って楽しい家庭をつくること。
〔第5学年及び第6学年〕
　父母，祖父母を敬愛し，家族の幸せを求めて，進んで役に立つことをすること。
［よりよい学校生活，集団生活の充実］
〔第1学年及び第2学年〕
　先生を敬愛し，学校の人々に親しんで，学級や学校の生活を楽しくすること。
〔第3学年及び第4学年〕
　先生や学校の人々を敬愛し，みんなで協力し合って楽しい学級や学校をつくること。
〔第5学年及び第6学年〕
　先生や学校の人々を敬愛し，みんなで協力し合ってよりよい学級や学校をつくるとともに，様々な集団の中での自分の役割を自覚して集団生活の充実に努めること。
［伝統と文化の尊重，国や郷土を愛する態度］
〔第1学年及び第2学年〕
　我が国や郷土の文化と生活に親しみ，愛着をもつこと。

183

〔第3学年及び第4学年〕
　我が国や郷土の伝統と文化を大切にし，国や郷土を愛する心をもつこと。
〔第5学年及び第6学年〕
　我が国や郷土の伝統と文化を大切にし，先人の努力を知り，国や郷土を愛する心をもつこと。
［国際理解，国際親善］
〔第1学年及び第2学年〕
　他国の人々や文化に親しむこと。
〔第3学年及び第4学年〕
　他国の人々や文化に親しみ，関心をもつこと。
〔第5学年及び第6学年〕
　他国の人々や文化について理解し，日本人としての自覚をもって国際親善に努めること。
D　主として生命や自然，崇高なものとの関わりに関すること
［生命の尊さ］
〔第1学年及び第2学年〕
　生きることのすばらしさを知り，生命を大切にすること。
〔第3学年及び第4学年〕
　生命の尊さを知り，生命あるものを大切にすること。
〔第5学年及び第6学年〕
　生命が多くの生命のつながりの中にあるかけがえのないものであることを理解し，生命を尊重すること。
［自然愛護］
〔第1学年及び第2学年〕
　身近な自然に親しみ，動植物に優しい心で接すること。
〔第3学年及び第4学年〕
　自然のすばらしさや不思議さを感じ取り，自然や動植物を大切にすること。
〔第5学年及び第6学年〕
　自然の偉大さを知り，自然環境を大切にすること。
［感動，畏敬の念］
〔第1学年及び第2学年〕
　美しいものに触れ，すがすがしい心をもつこと。
〔第3学年及び第4学年〕
　美しいものや気高いものに感動する心をもつこと。
〔第5学年及び第6学年〕
　美しいものや気高いものに感動する心や人間の力を超えたものに対する畏敬の念をもつこと。

［よりよく生きる喜び］
〔第5学年及び第6学年〕
　　よりよく生きようとする人間の強さや気高さを理解し，人間として生きる喜びを感じること。

第3　指導計画の作成と内容の取扱い

1　各学校においては，道徳教育の全体計画に基づき，各教科，外国語活動，総合的な学習の時間及び特別活動との関連を考慮しながら，道徳科の年間指導計画を作成するものとする。なお，作成に当たっては，第2に示す各学年段階の内容項目について，相当する各学年において全て取り上げることとする。その際，児童や学校の実態に応じ，2学年間を見通した重点的な指導や内容項目間の関連を密にした指導，一つの内容項目を複数の時間で扱う指導を取り入れるなどの工夫を行うものとする。

2　第2の内容の指導に当たっては，次の事項に配慮するものとする。
　(1)　校長や教頭などの参加，他の教師との協力的な指導などについて工夫し，道徳教育推進教師を中心とした指導体制を充実すること。
　(2)　道徳科が学校の教育活動全体を通じて行う道徳教育の要としての役割を果たすことができるよう，計画的・発展的な指導を行うこと。特に，各教科，外国語活動，総合的な学習の時間及び特別活動における道徳教育としては取り扱う機会が十分でない内容項目に関わる指導を補うことや，児童や学校の実態等を踏まえて指導をより一層深めること，内容項目の相互の関連を捉え直したり発展させたりすることに留意すること。
　(3)　児童が自ら道徳性を養う中で，自らを振り返って成長を実感したり，これからの課題や目標を見付けたりすることができるよう工夫すること。その際，道徳性を養うことの意義について，児童自らが考え，理解し，主体的に学習に取り組むことができるようにすること。
　(4)　児童が多様な感じ方や考え方に接する中で，考えを深め，判断し，表現する力などを育むことができるよう，自分の考えを基に話し合ったり書いたりするなどの言語活動を充実すること。
　(5)　児童の発達の段階や特性等を考慮し，指導のねらいに即して，問題解決的な学習，道徳的行為に関する体験的な学習等を適切に取り入れるなど，指導方法を工夫すること。その際，それらの活動を通じて学んだ内容の意義などについて考えることができるようにすること。また，特別活動等における多様な実践活動や体験活動も道徳科の授業に生かすようにすること。
　(6)　児童の発達の段階や特性等を考慮し，第2に示す内容との関連を踏まえつつ，情報モラルに関する指導を充実すること。また，児童の発達の段階や特性等を考慮し，例えば，社会の持続可能な発展などの現代的な課題の取扱いにも留意し，身近な社会的課題を自分との関係において考え，そ

れらの解決に寄与しようとする意欲や態度を育てるよう努めること。なお，多様な見方や考え方のできる事柄について，特定の見方や考え方に偏った指導を行うことのないようにすること。

(7) 道徳科の授業を公開したり，授業の実施や地域教材の開発や活用などに家庭や地域の人々，各分野の専門家等の積極的な参加や協力を得たりするなど，家庭や地域社会との共通理解を深め，相互の連携を図ること。

3 教材については，次の事項に留意するものとする。

(1) 児童の発達の段階や特性，地域の実情等を考慮し，多様な教材の活用に努めること。特に，生命の尊厳，自然，伝統と文化，先人の伝記，スポーツ，情報化への対応等の現代的な課題などを題材とし，児童が問題意識をもって多面的・多角的に考えたり，感動を覚えたりするような充実した教材の開発や活用を行うこと。

(2) 教材については，教育基本法や学校教育法その他の法令に従い，次の観点に照らし適切と判断されるものであること。

ア 児童の発達の段階に即し，ねらいを達成するのにふさわしいものであること。

イ 人間尊重の精神にかなうものであって，悩みや葛藤等の心の揺れ，人間関係の理解等の課題も含め，児童が深く考えることができ，人間としてよりよく生きる喜びや勇気を与えられるものであること。

ウ 多様な見方や考え方のできる事柄を取り扱う場合には，特定の見方や考え方に偏った取扱いがなされていないものであること。

4 児童の学習状況や道徳性に係る成長の様子を継続的に把握し，指導に生かすよう努める必要がある。ただし，数値などによる評価は行わないものとする。

中学校学習指導要領

第3章　特別の教科　道徳

第1　目　標
　第1章総則の第1の2の（2）に示す道徳教育の目標に基づき，よりよく生きるための基盤となる道徳性を養うため，道徳的諸価値についての理解を基に，自己を見つめ，物事を広い視野から多面的・多角的に考え，人間としての生き方についての考えを深める学習を通して，道徳的な判断力，心情，実践意欲と態度を育てる。

第2　内　容
　学校の教育活動全体を通じて行う道徳教育の要である道徳科においては，以下に示す項目について扱う。
　A　主として自分自身に関すること
　　［自主，自律，自由と責任］
　　　自律の精神を重んじ，自主的に考え，判断し，誠実に実行してその結果に責任をもつこと。
　　［節度，節制］
　　　望ましい生活習慣を身に付け，心身の健康の増進を図り，節度を守り節制に心掛け，安全で調和のある生活をすること。
　　［向上心，個性の伸長］
　　　自己を見つめ，自己の向上を図るとともに，個性を伸ばして充実した生き方を追求すること。
　　［希望と勇気，克己と強い意志］
　　　より高い目標を設定し，その達成を目指し，希望と勇気をもち，困難や失敗を乗り越えて着実にやり遂げること。
　　［真理の探究，創造］
　　　真実を大切にし，真理を探究して新しいものを生み出そうと努めること。
　B　主として人との関わりに関すること
　　［思いやり，感謝］
　　　思いやりの心をもって人と接するとともに，家族などの支えや多くの人々の善意により日々の生活や現在の自分があることに感謝し，進んでそれに応え，人間愛の精神を深めること。
　　［礼儀］
　　　礼儀の意義を理解し，時と場に応じた適切な言動をとること。
　　［友情，信頼］
　　　友情の尊さを理解して心から信頼できる友達をもち，互いに励まし合い，

高め合うとともに，異性についての理解を深め，悩みや葛藤も経験しながら
人間関係を深めていくこと。
　［相互理解，寛容］
　　自分の考えや意見を相手に伝えるとともに，それぞれの個性や立場を尊重
し，いろいろなものの見方や考え方があることを理解し，寛容の心をもって
謙虚に他に学び，自らを高めていくこと。
C　主として集団や社会との関わりに関すること
　［遵法精神，公徳心］
　　法やきまりの意義を理解し，それらを進んで守るとともに，そのよりよい
在り方について考え，自他の権利を大切にし，義務を果たして，規律ある安
定した社会の実現に努めること。
　［公正，公平，社会正義］
　　正義と公正さを重んじ，誰に対しても公平に接し，差別や偏見のない社会
の実現に努めること。
　［社会参画，公共の精神］
　　社会参画の意識と社会連帯の自覚を高め，公共の精神をもってよりよい社
会の実現に努めること。
　［勤労］
　　勤労の尊さや意義を理解し，将来の生き方について考えを深め，勤労を通
じて社会に貢献すること。
　［家族愛，家庭生活の充実］
　　父母，祖父母を敬愛し，家族の一員としての自覚をもって充実した家庭生
活を築くこと。
　［よりよい学校生活，集団生活の充実］
　　教師や学校の人々を敬愛し，学級や学校の一員としての自覚をもち，協力
し合ってよりよい校風をつくるとともに，様々な集団の意義や集団の中での
自分の役割と責任を自覚して集団生活の充実に努めること。
　［郷土の伝統と文化の尊重，郷土を愛する態度］
　　郷土の伝統と文化を大切にし，社会に尽くした先人や高齢者に尊敬の念を
深め，地域社会の一員としての自覚をもって郷土を愛し，進んで郷土の発展
に努めること。
　［我が国の伝統と文化の尊重，国を愛する態度］
　　優れた伝統の継承と新しい文化の創造に貢献するとともに，日本人として
の自覚をもって国を愛し，国家及び社会の形成者として，その発展に努める
こと。
　［国際理解，国際貢献］
　　世界の中の日本人としての自覚をもち，他国を尊重し，国際的視野に立っ
て，世界の平和と人類の発展に寄与すること。

D　主として生命や自然，崇高なものとの関わりに関すること
［生命の尊さ］
　生命の尊さについて，その連続性や有限性なども含めて理解し，かけがえのない生命を尊重すること。
［自然愛護］
　自然の崇高さを知り，自然環境を大切にすることの意義を理解し，進んで自然の愛護に努めること。
［感動，畏敬の念］
　美しいものや気高いものに感動する心をもち，人間の力を超えたものに対する畏敬の念を深めること。
［よりよく生きる喜び］
　人間には自らの弱さや醜さを克服する強さや気高く生きようとする心があることを理解し，人間として生きることに喜びを見いだすこと。

第3　指導計画の作成と内容の取扱い

1　各学校においては，道徳教育の全体計画に基づき，各教科，総合的な学習の時間及び特別活動との関連を考慮しながら，道徳科の年間指導計画を作成するものとする。なお，作成に当たっては，第2に示す内容項目について，各学年において全て取り上げることとする。その際，生徒や学校の実態に応じ，3学年間を見通した重点的な指導や内容項目間の関連を密にした指導，一つの内容項目を複数の時間で扱う指導を取り入れるなどの工夫を行うものとする。

2　第2の内容の指導に当たっては，次の事項に配慮するものとする。

(1)　学級担任の教師が行うことを原則とするが，校長や教頭などの参加，他の教師との協力的な指導などについて工夫し，道徳教育推進教師を中心とした指導体制を充実すること。

(2)　道徳科が学校の教育活動全体を通じて行う道徳教育の要としての役割を果たすことができるよう，計画的・発展的な指導を行うこと。特に，各教科，総合的な学習の時間及び特別活動における道徳教育としては取り扱う機会が十分でない内容項目に関わる指導を補うことや，生徒や学校の実態等を踏まえて指導をより一層深めること，内容項目の相互の関連を捉え直したり発展させたりすることに留意すること。

(3)　生徒が自ら道徳性を養う中で，自らを振り返って成長を実感したり，これからの課題や目標を見付けたりすることができるよう工夫すること。その際，道徳性を養うことの意義について，生徒自らが考え，理解し，主体的に学習に取り組むことができるようにすること。また，発達の段階を考慮し，人間としての弱さを認めながら，それを乗り越えてよりよく生きようとすることのよさについて，教師が生徒と共に考える姿勢を大切にすること。

(4)　生徒が多様な感じ方や考え方に接する中で，考えを深め，判断し，表現する力などを育むことができるよう，自分の考えを基に討論したり書いたりするなどの言語活動を充実すること。その際，様々な価値観について多面的・多角的な視点から振り返って考える機会を設けるとともに，生徒が多様な見方や考え方に接しながら，更に新しい見方や考え方を生み出していくことができるよう留意すること。

(5)　生徒の発達の段階や特性等を考慮し，指導のねらいに即して，問題解決的な学習，道徳的行為に関する体験的な学習等を適切に取り入れるなど，指導方法を工夫すること。その際，それらの活動を通じて学んだ内容の意義などについて考えることができるようにすること。また，特別活動等における多様な実践活動や体験活動も道徳科の授業に生かすようにすること。

(6)　生徒の発達の段階や特性等を考慮し，第2に示す内容との関連を踏まえつつ，情報モラルに関する指導を充実すること。また，例えば，科学技術の発展と生命倫理との関係や社会の持続可能な発展などの現代的な課題の取扱いにも留意し，身近な社会的課題を自分との関係において考え，その解決に向けて取り組もうとする意欲や態度を育てるよう努めること。なお，多様な見方や考え方のできる事柄について，特定の見方や考え方に偏った指導を行うことのないようにすること。

(7)　道徳科の授業を公開したり，授業の実施や地域教材の開発や活用などに家庭や地域の人々，各分野の専門家等の積極的な参加や協力を得たりするなど，家庭や地域社会との共通理解を深め，相互の連携を図ること。

3　教材については，次の事項に留意するものとする。

(1)　生徒の発達の段階や特性，地域の実情等を考慮し，多様な教材の活用に努めること。特に，生命の尊厳，社会参画，自然，伝統と文化，先人の伝記，スポーツ，情報化への対応等の現代的な課題などを題材とし，生徒が問題意識をもって多面的・多角的に考えたり，感動を覚えたりするような充実した教材の開発や活用を行うこと。

(2)　教材については，教育基本法や学校教育法その他の法令に従い，次の観点に照らし適切と判断されるものであること。

　　ア　生徒の発達の段階に即し，ねらいを達成するのにふさわしいものであること。

　　イ　人間尊重の精神にかなうものであって，悩みや葛藤等の心の揺れ，人間関係の理解等の課題も含め，生徒が深く考えることができ，人間としてよりよく生きる喜びや勇気を与えられるものであること。

　　ウ　多様な見方や考え方のできる事柄を取り扱う場合には，特定の見方や考え方に偏った取扱いがなされていないものであること。

4　生徒の学習状況や道徳性に係る成長の様子を継続的に把握し，指導に生かすよう努める必要がある。ただし，数値などによる評価は行わないものとする。

●初出一覧

本書各章の初出を示す。各章のタイトルは初出時と同一である。ただし，本書への収録に合わせて大幅に加筆修正ないしは削除を施している。

第1章　『佛教大学教育学部学会紀要』第19号，2020年，pp.163-174

第2章　『佛教大学教育学部学会紀要』第20号，2021年，pp.175-188

第3章　『佛教大学教育学部学会紀要』第21号，2021年，pp.131-142

第4章　神戸大学大学教育推進機構『大学教育研究』第29号，2021年，pp.41-56（末澤奈付子が第一筆者）

第5章　原清治・山内乾史編『ネットいじめはなぜ「痛い」のか』ミネルヴァ書房，2011年，pp.145-155

第6章　原清治編『ネットいじめの現在―子どもたちの磁場でなにが起きているのか―』ミネルヴァ書房，2021年，pp.54-68

第7章　山内乾史編『国際教育協力の社会学』ミネルヴァ書房，2010年，pp.2-17

第8章　原清治編『ネットいじめとスクールカースト（仮）』ミネルヴァ書房，近刊

第9章　『愛知文教大学紀要』第14号（投稿予定）

人 名 索 引

第1章

第2章

第3章

第4章

第5章

第6章

第7章

人名索引

事 項 索 引

第1章

第2章

第3章

第4章

第5章

第6章

第7章

事項索引

第1章
第2章
第3章
第4章
第5章
第6章
第7章
事項索引

● 著者略歴

山内乾史（やまのうち　けんし）（第 1～8 章）　佛教大学教育学部教授／神戸大学名誉教授

1963 年大阪府生まれ　大阪大学大学院人間科学研究科博士後期課程中途退学，博士（学術）（神戸大学），広島大学助手，神戸大学講師，助教授，准教授，教授を経て現職。

【主要業績】

山内乾史『「学校教育と社会」ノート─教育社会学への誘い─』学文社，2015 年

山内乾史『「大学教育と社会」ノート─高等教育論への誘い─』学文社，2020 年

山内乾史『「道徳教育と社会」ノート』学文社，2022 年

武　寛子（たけ　ひろこ）（第 9 章）　名古屋大学大学院教育発達科学研究科／日本学術振興会特別研究員（R.P.D.）

1981 年大阪府生まれ　神戸大学大学院国際協力研究科博士課程後期課程修了，博士（学術）（神戸大学），愛知教育大学講師，神戸大学助教等を経て現職。

【主要業績】

武寛子「スウェーデンの大学における新自由主義改革と学問の自由」『北ヨーロッパ研究』北ヨーロッパ学会，第 18 巻，pp. 1-9，2022 年

田中正弘・武寛子「学生が作成する評価報告書は内部質保証にどのように影響を与えているか─スウェーデンとイギリスの『学生意見書』を参考に─」『教育学系論集』第 46 巻第 2 号，pp. 1-16，2022 年

武寛子「自治体における人権教育基本方針に関する比較分析─人権教育とシティズンシップ教育に焦点をあてて」『国際協力論集』第 29 号第 1 号，pp. 149-164，2021 年

● 「道徳教育と社会」ノート〈第2版〉

〈検印省略〉

2022年1月5日　第1版第1刷発行

2023年9月10日　第2版第1刷発行

著　者　山 内 乾 史・武　　寛 子

発行者　田 中 千 津 子

発行所　株式会社 学 文 社

　　　　〒153-0064　東京都目黒区下目黒3-6-1
　　　　電話03(3715)1501(代)　振替00130-9-98842
　　　　(落丁・乱丁の場合は，本社でお取替えします)
　　　　定価はカバーに表示

ISBN978-4-7620-3259-2　　印刷／新灯印刷株式会社

山内乾史 編著　　　ISBN978-4-7620-2569-3　208頁　　定価 2,310円

◉ 学修支援と高等教育の質保証 I

学生の学力と学修支援に関する比較研究。国内を中心とする学修支援の状況を検討する。
アクティブラーニング論、学修支援論・学力論、留学生への学修支援、スウェーデン、
中国の高等教育の評価と質保証についての論考を掲載。

山内乾史・武寛子 編著　ISBN978-4-7620-2654-6　234頁　　定価 2,530円

◉ 学修支援と高等教育の質保証 II

学生の学力と学修支援そのもの，ないし学修支援に重点をおいた高等教育の質保証論につい
て行った研究をまとめた。海外の大学の学修支援の歴史と現状、学修支援の実践例について
の貴重な実践的研究等、海外の事例も含めた論考を掲載。

山内乾史 編著　　　ISBN978-4-7620-2307-1　228頁　　定価 2,310円

◉ 学生の学力と高等教育の質保証 I

「学力」と「就労」というキーワードを軸に、主に大学生の学力および高等教育の質保
証に重点を置き検討。新たな大学生の学力をめぐる状況は、全体でどのようになって
いるのか、今後どうなっていくのかを考察する。

山内乾史・原清治 編著　ISBN978-4-7620-2411-5　208頁　　定価 2,310円

◉ 学生の学力と高等教育の質保証 II

いかにして学生の学修時間、学習の質を確保するかなど「学力」を論点の中心にする。
学生の学力と高等教育の質保証のシステムを、日本国内諸大学の状況、世界各国との
比較を中心に展開していく。

山内乾史 著　　　　ISBN978-4-7620-2932-5　186頁　　定価 2,090円

◉ 「学校教育と社会」ノート 第3版
教育社会学への誘い

教育社会学の視点から（教育学の視点からではなく）学校・大学と社会のかかわりにつ
いて分析。一般論を述べると同時に、日本および先進諸国の事例を随時織り交ぜて行う。
戦後日本の歴史を見直し、高学歴、エリート、才能教育などについて考察。